［新装版］

空海入門

本源への回帰

高木訷元

法藏館

空海入門—本源への回帰—　目次

Ⅳ　現代へのメッセージ

Ⅰ　その生涯

長安へ―弘法大師空海の前半生―

生い立ち

佐伯直《さえきのあたい》真魚《まお》、これが弘法大師空海の幼少のときの名前です。室町時代の学僧政祝は真魚にマイヲの振り仮名をつけていますが、はたして奈良朝末の時代にもそのように呼んでいたのかどうか、もとより定かではありません。宝亀五年（七七四）に、瀬戸内の波静かな海の、玉藻よる讃岐の国、橡樟《くす》の大樹が鬱蒼と繁り、陽光をさえぎる屏風が浦辺に、真魚は生まれ育ちました。のちに入唐留学したとき、治部省へくだされた太政官符には弘法大師の俗名が「讃岐国多度郡方田郷、戸主正六位上佐伯直道長の戸口、同姓真魚」としるされています。方田郷はあるいは弘田郷の写し誤りではないかともいいますが、いずれにしても、それが現在のどこに当たるのか定かでありません。善通寺のあととも、多度津海岸寺のあたりともいわれています。善通寺のあるところには、すでに奈良時代から寺が建っていました。それが佐伯氏の氏寺であったかどうかは、もとよりわかりませんが、真魚もこの寺の甍の屋根を見あげながら、幼少期を過ごしたはずです。あるいは境内の泥土で仏像などを作って遊んだこともあったかもしれません。

真魚の生まれた佐伯氏は、景行天皇の世に東国の蝦夷《えみし》平定に従軍し、その功勲によって讃岐国を賜った健日連公《たけひのむらじのきみ》の末裔であると、「家記」には記録されていたといいます。この健日の子、健持《たけもち》にはじめて大伴宿禰《おおとものすくね》の姓《かばね》が与えられたのですが、その健持から何代かの後裔の倭胡連《わこのむらじ》公《のきみ》は、允恭《いんぎょう》天皇の世に讃岐国造に任ぜられました。この倭胡連公の別派《わかれ》の子孫が真魚の佐伯直家であると伝えられているのです。

かなり昔から、武門の誉れ高き大伴氏と佐伯氏とは遠祖を同じくすると信じられていました。のちに弘法大師自身も「伴佐昆季なり」といい、また「これを先人の説に聞くに、わが遠祖《とおつおや》の太遣馬宿禰《たけめのすくね》はこれ則ち彼の国（紀伊）の祖《おや》、大名草彦の派《わかれ》なり」とも書きとめています。「太《た》遣《け》」は「健」とも「武」とも書かれますが、武門の家らしい名前といえましょう。『大伴系図』によれば、佐伯の姓を賜ったのは健日連公から四代目の歌連《うたのむらじ》のときであったといいます。

もともと、佐伯の姓は佐伯部に由来するといわれます。その佐伯部とは東国平定によって朝貢された蝦夷の俘囚で、景行天皇の五十一年に、彼らは播磨・讃岐・伊予・安芸・阿波の五国に分散止住せしめられました。だから、讃岐の佐伯氏も蝦夷の血を引くものということになるかもしれません。しかし、ややこしいことに、分散させられた佐伯部を管掌した国造の一族にもまた、いつの頃からか佐伯直の姓が与えられたのです。そして中央にあって、これら諸国の佐伯直を統轄した大伴連《おおとものむらじ》の一族をも佐伯連と呼んだのです。この中央の佐伯氏の一人に参議正三位にまで昇進した能吏の佐伯今毛人《いまえみし》がいました。讃岐の佐伯氏の人びとも、この今毛人を自らの宗家の当主とみなしていたのです。

弘法大師の父は佐伯直田公《たぎみ》といいました。母は阿刀《あと》氏の出身ですが、その名を詳かにしません。後世の伝承では、玉依《たまより》とも阿古屋《あこや》とも呼ばれています。当時は大家族制でしたから、戸主がいつの場合も父であるとは限りません。佐伯直の戸主道長が弘法大師の祖父であったのか、あるいは伯父に当たるのかもわかっていません。ただ『大伴系図』で道長は多度郡の大領（長官）であり、父の田公は同じ多度郡の少領（次官）をつとめたということが知られるだけです。その頃、国々を治める国司は中央の政庁から任命されて赴任してきたのですが、多くの場合、郡司にはかつての国造の一族が任ぜられたのです。一説には佐伯直は讃岐の西部を配下におき、東部は凡直《おおしのあたい》という豪族が支配していたともいわれています。

弘法大師には少なくとも四人の兄弟があったことがわかっています。のちに外従五位下にまでなった鈴伎麻呂はおそらく大師の長兄であったろうといわれます。その位階からみて、かなり長生きしたはずです。そのほかに正六位上の酒麻呂、正七位下の魚主、それに幼少の頃に出家して兄の弘法大師に師事した末弟の真雅もいました。彼は弘法大師とは二十七歳も年下であったといいますから、はたして母親を同じくしていたかどうかわかりません。また弘法大師の最愛の弟子であった智泉の母は、一説に弘法大師の姉であったといいます。兄の鈴伎麻呂には従六位上の貞持、大初位下の貞継、従七位上の葛野ら、三人の息子がありました。酒麻呂の子には正六位上の豊雄と従六位上の豊守がおり、魚主には従八位上の粟氏がいました。いずれも弘法大師の甥にあたる人たちです。このなかで、弟の真雅と、大学の書博士になった豊雄を除けば、彼ら兄弟や甥たちの行跡についてはまったく知るところがありません。しかし、彼らの位階からみて、すべて中央か地方の中級ないしは下級の官吏であったと推定されます。だが、彼らとて、幼い頃に目ざしたのは宗家と仰ぐ今毛人のように官僚の世界で立身出世することであったでしょう。そしていま、それが可能と思える少年がその中にいたのです。いうまでもなく、貴物《とうともの》とも呼ばれて寵愛された真魚その人でありました。

同じ讃岐の佐伯氏の出身で、のちに弘法大師の弟子となった実恵《じちえ》は、幼少時代に一族の書博士葛野や酒麻呂について儒学を学んだと『弟子譜』は伝えています。事の真相は定かでないとしても、この伝承は弘法大師の一族に書の達人や儒学をよくする人びとが多くいたことを暗示しています。このような環境のもとで成長した真魚は、母方の舅《おじ》、阿刀大足《あとのおおたり》について学んだと自らも書きのこしています。その大足は桓武天皇の寵子伊予親王の侍講をつとめたほどの勝れた学者でありました。『三教指帰《さんごうしいき》』の序文では、その年を「志学」のときとするから、中国やわが国での古い時代からのしきたりどおりに、十五歳前後で本格的な学問を始めたことになります。その頃すでに大足が伊予親王の侍講であったとすれば、当然その住まいは都にあったはずです。だから、弘法大師もこの年頃に上京したことになります。

当時は、すでに都は奈良平城の地から山背《やましろ》（山城）の長岡へと移っていました。しかし、遷都後四年を迎えたいまも、この新都の造営は遅々として進んでいませんでした。それは一つには、延暦四年（七八五）九月に桓武天皇の側近の一人で、新都の造営長官でもあった藤原種継《ふじわらのたねつぐ》が暗殺されたことにもよりましょう。この事件は、これまで陰湿に燻りつづけた門閥争いが表面化したもので、大伴・佐伯両氏を中心とする春宮職にかかわる官人が、皇太弟の早良《さわら》親王を擁立して新しい朝廷を立てようとする策謀であったともいわれています。その主謀者は事件の起こる一か月前に他界していた春宮大夫の大伴家持とされ、それに連なる多くの人びとが捕えられ、誅斬などの処刑をうけ、その縁故者の多くが遠流されました。早良親王は廃太子となり、乙訓寺《おとくにでら》に幽閉されたのです。自ら食を断って無実を訴えた親王は、淡路へ流される途中絶命します。桓武天皇は長子の安殿《あて》親王を皇太子としました。のちの平城天皇です。

この事件のために、官界における大伴・佐伯両氏の地位と勢力は前にもましていっそう低下し弱められただろうと思われます。なればこそ、佐伯氏に連なる人びとも、失地回復につとめながらも、わが身の不運と不遇を嘆いたに違いありません。弘法大師が二十四歳のときに著わした『聾瞽《ろうこ》指帰《しいき》』のなかで、仮名乞児《かめいこつじ》に語らしめて「家産は澆漓《ぎょうり》して墻屋《しょうおく》は傾くに向《なんなん》とす。二兄重ねて逝《ゆ》きて数行《すうこう》汍瀾《かんらん》たり。九族は倶《とも》に匱《とぼ》しゅうして一心潺湲《せんえん》たり」といっているのも、単に讃岐の生家のことというよりも、当時の官界における佐伯氏の現状に言い及んでいると解されないこともありません。一族の大きな期待を背に上京した真魚すなわち、のちの弘法大師にも、いま置かれている佐伯氏の厳しい状況は理解できたはずです。そのことが動かしがたい現実の問題として深刻に自覚されたのは、弘法大師が大学に入って数年後のことでした。

ほぼ三年余りを舅の大足のもとで学んだ弘法大師は、十八歳で大学に入ります。大学寮を管掌する式部省はすでに長岡に移されていましたが、大学自体も新都に移転していたのか、旧都奈良に置かれたままであったのか明らかでありません。当時、公的な教育機関としては、中央の都に大学があり、地方には国学がありました。そのいずれにも入学の資格が定められていて、大学への入学は戸主が五位以上か、東西の史部《ふみひとべ》の子弟に限られていました。この規則による限り、戸主の位階が正六位上であった弘法大師にはストレートに大学へ入る資格がなかったことになります。ただ六位以下八位以上の子弟で、特に大学へ進むことを希望するものは、式部省に志願して試験に及第すれば大学生《だいがくしょう》となり得ましたから、弘法大師の場合はこの付則による入学であったということになります。しかし学令によると、大学も国学もともに十三歳以上、十六歳未満の聡怜なるものを採用することになっていましたから、弘法大師が入学したという十八歳は課役を負う年齢で、問題がないわけではありません。

当時は、貴族の子弟は蔭位《おんい》の規定によって、大学の課程を経た上で水準の高い難しい登庸試験を受けなくても、二十一歳になれば自動的に位階が授けられ任官できましたから、大学での就学を忌避するものも少なくありませんでした。こうした大学不振の状況のもとで、年齢制限の規則がどこまで厳密に守られていたかは疑わしく、十八歳での入学もまったくあり得ないことではなかったでありましょう。

しかし、弘法大師は郡司の子でありました。学令によれば、郡司の子弟はそれぞれの国学で学ぶのが通例でありましたから、当時の一般的慣例からすれば、弘法大師もまた十三歳前後で讃岐の国学に入ったと考えられないこともありません。国学は地方の下級官吏を養成する機関でしたが、所定の二経以上の学習の課程をおえて、なおも勉学をつづけたいと望めば、式部省の試験に合格して大学に進むこともできたのです。当時、普通は地方豪族の子弟は兵衛として出身の道を歩むか、国学に入って、後に大学に転学するコースをとるかでしたが、弘法大師の場合、このような経路を経ての大学進学であったことを確証する資料や伝承はまったくありません。

大学では行政学科ともいうべき明経道《めいけいどう》のほかに、詩文を学ぶ文章道《もんじょうどう》、法律専攻の明法道、天文暦数を学ぶ算道、書を学ぶ書道などがありましたが、弘法大師は明経科に籍をおきました。当時の大学は、純粋に真理を追求するところというより、すでに官吏養成の機関となっていて、なかでも明経科は官僚になるための主要な進路でありました。弘法大師がこの課程を選んだことは、当然、官界への進出を期していたということになりましょう。弘法大師が入学した年に、明経科の主任教授ともいうべき博士には、同じ讃岐出身の佐婆部首牛養《さわべのおびとうしかい》が就任しています。のちにその出身地に因んで、岡田牛養と呼ばれた人です。舅の大足とは知己の間柄であったろうと思われます。この岡田博士について、弘法大師は『春秋左氏伝』を学び、直講《じきこう》の味酒浄成《うまさけのきよなり》からは『毛詩』と『尚書』などを選択して受講したといいます。『孝経』と『論語』とは必修科目でした。『文選』や『爾雅』は任意選択となっていましたが、これらはすでに阿刀大足のもとで学習ずみであったでしょう。しかし、なぜか弘法大師には助教の伊予部家守の講席に列なった形跡がみられません。この留学帰りの気鋭の学者は、延暦三年（七八四）以来、わが国でははじめて『春秋公羊伝』と『春秋穀梁伝』を講じて人気を博していたのです。この二伝は延暦十七年に至って、大学での正式科目として採用されたのですが、この新しい科目の開講は桓武天皇による遷都と東夷征討を正当化せしめることに無縁ではなかったといわれています。加地伸行氏の意見によれば、中華の文化によって夷狄を教化する理想的国家論の正当性を主張するこれらのテキストの講義は、為政者の側からすれば東国平定や遷都を正当化せしめるためのイデオロギーの確立であり、受講する学生の側からすれば、その受講は官途での立身を左右する通行手形でもあったと思われるのです。

弘法大師は、しかし、こうした学問には背を向けたように思われます。公羊伝的な国家論のイデオロギーは実際の現実とはまったくかけ離れた空疎なものとして、青年空海の眼に映ったかもしれません。大学の講義のなかで、特に弘法大師の強い関心を引いたのは、あるいは鄭玄《じょうげん》の思想ぐらいではなかったでしょうか。のちに弘法大師が主張する真言密教の包摂思想の体系化にとって、この鄭玄の折衷の学は、いわばその足がかりを与えてくれたものであると思えるからです。

山林修行

道鏡の例にみられたように、孝謙・称徳朝に頂点に達した仏教至上主義を律令主義に立ちかえらせるためもあって、大学はますます儒教一辺倒の傾向を強めていきました。講義の内容も暗記を主とした画一的なもので、独創的で自由な思索などは求むべくもありませんでした。それでも下級官吏の子弟たちは、人材登庸の機会均等主義を唯一の頼みとして、自らの才能で登庸試験を通過し、官界での立身を目ざしていたのです。式部省の行なう国家試験は秀才・明経・進士・明法の四つの分野に分かれていましたが、なかでも難コースの秀才・明経の登庸試験は水準がかなり高く、それを通過するものは稀であったといいます。だから延暦二十一年には、及第の基準ラインを緩和する官符が出されているほどでした。たとえば一世代のちの菅原《すがわらの》道真《みちざね》は「中の上」の成績でこの試験に合格していますが、これがもし弘法大師空海の在学中であったとしたら、当時、実質的には「上の上」と「上の中」のみが任官のための及第点でありましたから、道真とても完全に落第生としておちこぼれていたことになります。

よしんば登庸試験に及第して官界に進み得たとしても、有名な門閥に属さないものはたかだか六位か、よくて五位どまりの下級か中級官吏で生涯を終わるのが通例でした。たとえば、さきの大学助教であった伊予部家守の子である真貞は、弘法大師より十年も早く十五歳で大学に入り、特待生となったほどの人でありながら、最高の登庸試験に合格したのは大同四年（八〇九）の四十二歳のときでありました。彼は父と同じ教職の道を選び、博士から大学助《だいがくのすけ》にまでなりましたが、従五位下に進んだのは五十三歳のときであり、七十一歳でようやく正五位上となっています。それに比して、のちに弘法大師と親交を深めた藤原三守《ふじわらのただもり》は、同じ大学で学びながら、その門閥ゆえに二十五歳で従五位下となり、四十九歳で従二位、五十四歳で右大臣になっているのです。登庸の機会均等主義とは、まさに名ばかりのものであったのです。

もちろん、こうした社会機構的矛盾のみが原因ではなかったでしょうが、弘法大師には官界で名声を競い、財界で利益を争う世俗の栄華を、年々に疎ましく思う心が強まっていきました。幻のような人生のはかなさが、弘法大師をして真の福田を求めしめるに至ったのです。しかも奈良朝末以来のわが国の思想界は必ずしも儒教一色ではありませんでした。当代の代表的な知識人であった吉備真備《きびのまきび》や石上宅嗣《いそのかみのやかつぐ》などは、儒仏の兼学をすすめながらも、ほんねとしては仏教思想の優位性を主張していたのです。当然ながら、青年空海も、こうした思潮の感化を強く受けたでしょう。そうなれば、大学における学業も「わが習うところは古人の糟粕《そうはく》なり。目前なお益なし。況《いわ》んや身斃《たお》るる後をや。この陰すでに朽ちなんとす。真を仰がんにはしかず」と考えるに至ったといわれるのも、当然のことであったでしょう。吹く風をつなぎとめることができないように、弘法大師の心は大学の学窓を離れていきました。

かつて奈良時代にも、大学の学業を捨て、まことの道を求めて仏門に身を投じたものもありました。経史に精しく、殊に道宣の六巻抄を講じて名のあった道融がその人であります。『懐風藻』によれば、彼は俗姓を波多氏といい「少《おさな》くして槐市《かいし》（大学）に遊び、博学多才、特に属《しょく》文《ぶん》（文章）を善《よ》く」しました。かつて亡き母の憂（服喪）のために山寺に寄住し、たまたま『法華経』を見るに及んで、「慨然として歎じて曰く、われ久しく貧苦し、未だ宝珠の衣中にあるを見ず。周孔は糟粕なり。安《いずく》んぞ以て留意するに足らんや」として、ついに出家し、精進苦行して戒律に心をとめたといいます。

弘法大師の場合、大学での学問が古人の糟粕にすぎず、真の福田を求めるにしかずと思いながらも、わが身の官界進出に期待を寄せる年老いた親に懐《おも》いを馳せるとき、心は千々に乱れたでありましょう。二、三の友人知己は弘法大師の出家を人としての道たる忠と孝に反するものとして、強く非難したといいます。親を養うこともせず、いたずらに課役を逃れる浮浪者の群に身を投ずることは、祖先の名を辱《はず》かしめる恥ずべき大罪のふるまいとまでに詰《なじ》り責めた縁者もあったといわれています。そのようなとき、たまたま一人の沙門《しゃもん》に出会い、「虚空蔵求聞持《こくうぞうぐもんじ》の法」を授かったのです。かくて、もはや誰もうちくずすことができないほどに、出家の志が強固となっていきました。「ここに大聖の誠言を信じて」、煙霞にとざされた山林での修行を朝に夕に渇望するにいたり、あるときは阿波の大滝岳によじのぼり、あるときは土佐の室戸崎でこの法を修行したと、自ら『三教指帰』の序文に書きとめています。いまや槐市の紙魚を捨て、山林での抖擻《とそう》へと身を投じたのです。ただ、その時期がいつ頃のことであったのかは明らかでありません。のちの天長元年（八二四）三月に、弘法大師は「少僧都を辞する表」のなかで、「空海、弱冠（二十）より知命（五十）に及ぶまで山藪を宅《いえ》とし、禅黙を心とす」と書いていますし、のちに高野山を乞うたときの上表でも「空海少年の日、好んで山水を渉覧」したと言っていますから、二十歳前後の頃から山林の優婆塞として練行をかさね、また今毛人の氏寺佐伯院のあった大安寺をはじめ、奈良の寺々において仏教の哲理を究める日々を送ったと思われます。弘法大師が吉野から高野に足を踏み入れたのも、この頃のことであったでしょう。『聾瞽指帰』では「あるいは金岳《かねのたけ》に登って雪に逢うて坎壈《かんらん》たり。あるいは石峯《いしずちのたけ》に跨って粮を絶って轗軻《かんか》たり」とも記していますから、その山林修行の地域は吉野・高野の深山から、生地四国の山々や辺路《へじ》にまで及んでいたことがうかがえます。

当時、四国にあっても山林修行をこととする沙門や優婆塞たちが多くいたことは、のち比叡山に登って伝教大師最澄の弟子となり、高雄山ではその師主最澄とともに灌頂《かんじょう》を受けた光定《こうじょう》の例をみても頷けます。彼は延暦の末に両親の死にあって、「服（喪）訖《おわ》るや俗を離る。山林を経住し、斎戒を修習す」と門弟の書いた信頼すべき伝記にしるされています。光定は伊予国風早郡の人で、大同の初めに、僧勤覚《ごんがく》の勧めで都にのぼり、つくべき師を求めて三年を過ごし、ついに叡山に登ったといいます。その勤覚は石鎚山を中心とする山林抖擻の沙門であったと思われます。

弘法大師に求聞持の法を呈示した一沙門が誰であったのか、弘法大師自身をはじめ、古い史料はすべて黙して語りません。あるいは勤覚のような類の山林修行をこととする沙門であったかもしれません。しかし、弘法大師が弟子たちに語り遺したことばをまとめたものという『御《ご》遺告《ゆいごう》』では、なべてこの一沙門を大安寺の勤操《ごんぞう》であったと伝えています。この勤操も年少の頃、南岳（吉野か高野）の窟によじのぼり、忘帰の思いをいだいて修行したといいますから、山林抖擻の経験者であったことは事実であります。

求聞持の法とは、一度耳にし眼に触れたことは永久に記憶して忘れない知恵を得るためのものだといいます。その限りでは、この法は単に仏道学習のみならず、特に暗記を重視した当時の学問にとっても恰好のてだてでもあったでしょう。事実、平安初期の高官、参議従三位の大江音人は、弘法大師空海と共に判官として入唐した菅原清公に師事して後漢書を学んでいますが、彼はかつて秀才科の国家試験を受けるとき、この虚空蔵法を修しているのです。しかし、この法は単なる記憶増進術ではありません。虚空蔵菩薩の真言を作法にしたがって百万遍となえる念誦の行法により、行者はこれまでのあらゆる罪障を消滅させ、自然智《じねんち》と呼ばれる宗教的叡知を得て、虚空をつらぬく宇宙の生命を自らに顕現せしめることが可能となると説かれているのです。

この密教的な行法をわが国に最初にもたらしたのは、養老二年（七一八）に帰朝した大安寺の道慈であると思われます。彼が入唐して学んだのは主として三論の教学ですが、インドから長安に着いたばかりの善無畏三蔵にもついて、密教の一端にも触れています。帰国後、道慈は真言の法をその弟子の善議と慶俊とに授けたといい、特に慶俊は「専ら真言を以てその本宗となす」ともいわれています。彼もまた「兼ねて異聞を採る」といわれるほどの神験をあらわした山林修行者でもあったのです。善議の弟子に勤操があり、慶俊の弟子に讃岐の凡直《おおしのあたい》氏出身の戒明《かいみょう》がいました。その戒明が中国からもたらした『釈摩訶衍論《しゃくまかえんろん》』は弘法大師の思想形成に大きな役割をはたし、弘法大師が最も重視した論書の一つであります。ただ、この論書がもたらされたとき、僧綱の賢璟《けんけい》や大学頭《だいがくのかみ》で文章博士《もんじょうはかせ》の淡海真人《おうみのまひと》三船《みふね》らはこの論書を偽作と判定し、戒明はその名声を完全に失墜せしめられたという経緯があったのです。それがたとえ竜樹に仮託された偽書であったとしても、弘法大師にとって重要なことは、そこに説かれる思想内容でした。「願わくは早く蔵匿して、流転すべからず」と禁書扱いにされた『釈摩訶衍論』と大師との邂逅は、とりもなおさず弘法大師と戒明との出会いを意味するといえないこともないでしょう。『御遺告』においてすら、慶俊は弘法大師の祖師と仰がれているところからすれば、この求聞持法を呈示した「一沙門」を直ちに戒明であるとはいわないまでも、槐市（大学）を後にした弘法大師は大安寺の道慈・慶俊・戒明の系列につらなる山林修行者の群に身を置いたと考えることは許されましょう。
求聞持の法が修行された場所としては、特に吉野の比蘇山寺（現在の世尊寺）が有名でした。ここでは単に大安寺系の人びとのみに限らず、たとえば奈良朝の初めに来朝し、道慈とともに「釈門の秀」と称された唐僧の神叡などもこの法を修し、「虚空蔵菩薩の霊感を得」たといわれています。また、のちに弘法大師とも親交のあった元興寺の護命も、僧綱職にありながら「月の上半は深山に入って虚空蔵法を修し、下半は本寺にあって宗旨を研精す」る生活であったといわれますから、古くから単に私度僧や山林優婆塞といった民間的呪術者だけでなく、こうした著名な官僧らによっても、求聞持法の入峰修行がさかんに行なわれていたことがわかります。弘法大師もまた近親の強い反対をおしきって、栄枯盛衰の幻夢の世界から永遠の真理を求めて、山林抖擻の道を歩み始めたのです。槐市における自らの青春への決別を告げるもの、それが二十四歳の暮に書きあげた『聾瞽指帰』であり、『三教指帰』はその改訂本であったのです。

出家入唐

弘法大師空海はのちに久修練行のあとを振りかえって、「弟子空海、性薫《しょうくん》われを勧《すす》めて還源《げんげん》を思いとなす。径路未だ知らず。岐《ちまた》に臨んで幾たびか泣く。精誠、感ありて、この秘門を得たり」と書いています。「秘門」とはまさしく『大日経』などに説かれる密教の法門をさしています。後世の伝記では、『大日経』との出会いを大和久米寺の塔内においてであったといいます。しかし、『大日経』や『金剛頂経』などの基本的な密教経典のいくつかは、おそらく玄昉《げんぼう》や得清などの南都の入唐留学僧らによって、すでに奈良時代に伝わっていました。

弘法大師は、山林での修行とほとんどあらゆる仏教経論の猟渉を通じて、常に求めつづけた「還源」の妙法を、まさしくこれら密教経典のなかに見出し得たのです。自心の源底に、存在の源底が法身として自己を顕わにすると説く密典の教旨は、弘法大師にとって自ら山林修行で得た神秘体験そのものであるように思えたのです。その体験をさらに深く、さらに確実に究明しようにも、「文に臨んで心昏《くら》く」、就いて尋ねる師さえ見出せませんでした。この上は唐国に渡って真の教法を求めるほかはなかったのです。

延暦二十年（八〇一）八月に中央政庁で正式派遣の決定をみた第十六次の遣唐使節団が、難《なに》波《わ》住吉《すみのえ》の三津崎を四船で出港したのは、それから二年後の延暦二十二年四月十六日でした。大使は藤原葛野麻呂《ふじわらのかどのまろ》、副使は石川道益。遣唐使を派遣する重要な目的は唐の文物の移入にありましたから、いつの場合にも大体十名前後の留学生、留学僧が加わるのが通例でありました。このときも、大学助教の豊村家長が明経請益生《しょうやくしょう》として乗りこんでいましたし、天台の請益僧として叡山の伝教大師最澄がおりました。そのほか叡山からは円基と妙澄も留学僧として上船していました。もちろん、橘逸勢や興福寺の霊仙など他にもなお幾人かの留学生や留学僧がいたでありましょう。しかし、この一行には弘法大師の姿は見られません。請益僧とはすでに学業なって一家をなしているものが短期間留学するもので、還学僧《げんがくそう》ともいいます。それに対して留学僧は長期間滞在して学ぶものをいい、だいたい二十年ぐらいを彼地で過ごすのがならわしでした。伝教大師最澄の場合、すでに天皇の侍僧ともいうべき内供奉《ないぐぶ》であり、留学にも侍者を伴ったし、通訳として沙弥《しゃみ》の義真を同行せしめることも許されていたのです。

難波津を出帆した四船は内海の港々に寄港し、停泊しながら筑紫に向かいましたが、その月の二十一日に暴風雨に遭い、幾艘かの船は破損して多くの死傷者を出しました。伝教大師最澄らの乗った船は幸運にも筑紫に着くことができたのですが、豊村家長は海底の藻屑と消えはてました。他にもなお幾人かの留学僧が遭難したと思われます。やむなく渡航はいったん中止され、船舶の修復と漂流物の補充、人員のたて直しがはかられました。たとえ溺死を免れても、沈没した船に乗っていた留学僧らは忌み嫌われ、他の人と強制的に交代させられて、再度上船することはできませんでした。

ここに改めて留学生、留学僧の二次銓衡が行なわれ、弘法大師の渡海が実現することになります。入唐後、福州の観察使に対して入京の許可を求めた書状に「時に人の乏しきに逢って、留学の末に箇《そ》えり」と弘法大師自身書きとめているのも、単なる謙譲の修辞というより、留学僧の欠員を補なっての入唐であったことを述べたものですし、それゆえにこそ、なんとしても入京して所期の目的を果たして、「国家の憑《あつらい》」にこたえなければならなかったのであります。「箇」は「まじわる」と読むこともできますが、本来は「副倅」を意味する語なのです。

延暦十七年（七九八）四月の法令改正によって、年齢的に得度が受けられないまま、弘法大師は優婆塞でありつづけざるを得なかったのですが、入唐留学のためには官度の僧でなければなりませんでした。『続日本後紀』が「年三十一にして得度し、入唐留学す」と記録しているように、弘法大師は規定にしたがって延暦二十二年の暮れに年分度の試験を受け、翌二十三年正月に大安寺三論宗の年分度僧として出家得度をすませたと思われます。そして異例の処置ではあったのですが、得度後二年間の沙弥行をはぶいて、その年の四月上旬に、唐僧泰真を戒和上として東大寺戒壇院で具足戒を受けたのです。すべては目睫の間に迫っている遣唐使節の派遣人員の欠を補なうためにとられた処置であったのです。

それにしても僧綱所、玄蕃寮、さらには治部省をして、このような異例の処置をとらしめるためには、相当な推薦者があってのことであったろうと思われます。その一人は、舅の阿刀大足が侍講をつとめた伊予親王であったかもしれません。この親王は皇太子の安殿親王とは母を異にしていましたが、父の桓武帝からは最も寵愛された人でもあったのです。さらに今一人、宝亀の初年に入唐していた大安寺を本寺とする永忠との関係をあげることができるかもしれません。どのような関係であったのか、その具体的なことはわかりませんが、帰国後に弘法大師が提出した留学成果の報告書ともいうべき『御請来目録』のなかで、「勅に准じて西明寺の永忠和尚の故院に留住す」として、特にここで永忠の名前をあげていることに留意したいのです。

受戒後の必修であった三か月の律学の学習も、はたして所定どおり行なわれたかどうか。延暦二十三年六月には、弘法大師はなぜか藤原大使の第一船に同乗して、難波の港を出帆しました。伝教大師らは筑紫から副使の第二船に乗りこみました。これら遣唐使の四船が信風を得て肥前の松浦郡田ノ浦を出発したのは七月六日でした。翌七日には早くも暴風に遭い、第三、第四の両船が音信を絶っています。当時の造船技術はきわめて幼稚で、航海術などなきに等しかったから、渡海入唐はまさしく決死の行程でした。このような場合、人びとはただ運を天にまかせ、ひたすら神仏に冥護を祈るほかなかったのです。朝廷は住吉神社に奉幣して、海上の安全を祈願しました。藤原大使は自ら本朝の一百八十七か所の天神地祇に、それぞれ『金剛般若経』一巻ずつを書写し、供養することを誓って船旅についています。伝教大師最澄もまた、十一面観音および千手観音の白檀像を造って、航海の無事を祈りました。古くから中国では、観音菩薩は水の神、航海安全の神として信仰されていたのです。唐の僧伽和尚は十一面観音の化身として崇められ、わが国の往還船人もかの地では常にこの僧伽和尚を祀る寺院に参拝して、航路の安穏を祈ったことが知られています。観音の呪をとなえて海上の遭難を免れた話も、数多く見出されます。高野山竜光院にある「伝船中湧現観音」像は、弘法大師が入唐渡海したとき海上に現われたものと伝えられていますが、これもまた航海安全の神としての観音信仰を伝えるものでありましょう。

弘法大師の乗った第一船は海上を漂流すること三十四日、飲料水も食糧もほとんど底をつきかけた八月十日に、九死に一生を得て漸く福州長渓県赤岸鎮あたりに漂着しました。かつて例を見ないほど、はるか南方に流されたことになります。他方、伝教大師が同乗した副使の船は、大体順調なコースをたどり、約半月足らずで明州鄮県に着いています。しかし、副使の石川道益は七月二十五日、上陸ののち明州で病没しました。ほぼ一か月余り明州に滞在したのち、九月一日に、亡き副使の代行として判官菅原清公は一行二十七人とともに長安へ向かいます。伝教大師も上陸後、病を得たのですが、九月十五日には義真らを伴って目指す天台山へと求法《ぐほう》の旅に出発しています。

その頃、大使や弘法大師らの一行はまだ赤岸鎮で役人の沙汰を待っていたのです。折悪しく福州の観察使の交替時期にあたり、新任の観察使兼刺史の閻済美《えんさいび》は着任していなかったのです。鎮将の杜寧《とねい》、県令の胡延沂《こえんぎ》らの処置で、船を廻航して福州にたどり着いたのは十月三日でした。赤岸鎮に漂着してから五十日余りが過ぎていました。州都に着いた一行は、さらにそこで一か月の滞在を余儀なくされます。おそらくは州司からの報告にもとづく中央からの指示を待ったためだったでしょう。たしかに一旦は遣唐使節の船であることを疑われ、船内をくまなく捜索されもしました。その最大の原因は大使一行が国書を携行していなかったことにあるのですが、その疑惑は大使に代って筆をとった弘法大師の文章によって払拭されたといいます。『性霊集《しょうりょうしゅう》』に収録されている「大使の為に福州の観察使に与える書」がそれです。しかしこのときなぜ弘法大師が藤原大使の代筆をしたのか、いささか問題は残りましょう。大師の文才、その語学力もまた抜群であったといえばそれまでですが、外交折衝に際しては随員の判官、録事が大使を補佐するのが通例ですし、四船にはそれぞれ通訳も乗りこんでいたのです。大使の第一船には、式部省少録兼伊勢国大目の山田大庭が録事として同行していたことがわかっています。通訳をもかねた笠臣田作も准判官として、この船に乗っていたと思われます。それにもかかわらず、弘法大師が渉外の一端にかかわっているのは、そののちの大師の行動からみて、それが入唐留学の条件であったかどうかは別として、大使在唐中の書記官的な役割を負わされていたのではないかとも考えられます。

大使以下、入京の人員を二十三名に限って、一行が長安に向かって福州を出発したのは十一月三日でした。当初、州司が示した入京一行のリストには弘法大師の名前がありませんでした。遣唐使節の中国における旅費と滞在費は、すべて唐朝の負担でしたから、当然使節随員の入京の人員は、いつの場合も制限されたのです。留学生や留学僧であっても、希望どおり都に入れるものは、むしろ少なかったのです。承和五年（八三八）に入唐した第十七次の遣唐使のときも、同行した留学生十余名のなかで、ストレートに長安に入り得たのは請益生の伴須賀雄と真言請益僧の円行だけにすぎませんでした。だから、今の場合、弘法大師を強いて福州に滞留せしめる特別な理由があったわけではないのです。その証拠に、「福州の観察使に与えて入京する啓」を書いて提出することで、弘法大師はすんなりと大使一行に加わって長安に行くことを許されているのです。

福州から長安への長い道中についての記録はなにもありません。帰朝後、藤原大使はただ「星に発ち星に宿し、晨昏兼行す」と報告しているにすぎませんが、五十一日で長安に到着しているところをみると、文字通り昼夜兼行の旅であったと予想されます。弘法大師がのちに藤原葛野麻呂の忌日に書いた願文に、「三江に鷁《げき》を浮かべ、五嶺に騏《き》を馳す」と書いているのも、おそらくは長安への水陸両路を通っての旅を回想してのことであったと思われます。

その年も暮れに近い十二月二十一日に、大使一行は上都長楽駅に到着しました。二十三日には内使趙忠の迎えを得て、それぞれ飛竜家の細馬二十三頭に駕して春明門を通り、長安の城内に入っています。一行の宿舎には宣陽坊の官宅（公館）があてがわれましたが、そこには、すでに十一月十五日に入京した菅原清公の一行二十七人が、大使の到着を待っていました。弘法大師も大使とともに、この官宅に旅装をとき、なお暫くは大使の一行と行動をともにします。

長安での求法

唐の貞元二十一年（八〇五）二月十一日、所期の目的を達した遣唐使の一行は長安を後にして、帰国の途に着きました。正月二十三日には徳宗が逝去し、二十八日に順宗が即位しましたが、この思いもかけぬ国喪のために大使らの帰国が多少遅れたのです。弘法大師空海は大使一行と別れて、勅命により、かつて永忠も留学中に滞在した右街延康坊の西明寺に移りました。中国の史書『旧唐書』倭国日本伝には「貞元二十年、使を遣わして来朝す。学生橘逸勢、学問僧空海を留む」と記録されています。福州に滞在中も、長安に入ってからも、弘法大師はただ無為に日を過していたわけではありません。「耳目の経るところ、未だ嘗《かつ》て究めずんばあるべからず」というのが、もって生まれた性《さが》であったのです。仏教経論ばかりでなく、詩文や書跡の蒐集にも意欲的でした。弘法大師の深く広い学識と文筆のすぐれた才は、福州や長安の官人僧侶をして、一様に瞠目《どうもく》せしめたようであります。のちに叡山の円珍は入唐留学の際、福州の開元寺にしばらく滞在したのですが、そのとき、寺主の恵灌は円珍にむかって「五筆和尚いませしやいなや」と尋ねました。円珍はこの五筆和尚が弘法大師であることと知って、すでに「亡化されました」と答えると、恵灌は胸をたたいて悲歎し、「その異芸の未だかつて倫《たぐい》あらざる」ことを称賛したと、円珍自身が書きのこしています。

長安での離別に際して、藤原大使に一行阿闍梨《いちぎょうあじゃり》の碑文などを託してもいます。この碑文は玄宗皇帝の撰にかかるもので、帰国後、大使はこれを平城天皇に献上しています。単に文物の蒐集のみならず、弘法大師はのちに著わした『文鏡秘府論』のなかで、自らの詩文の学習にふれて「長じて西秦に入って、粗《ほぼ》、余論を聴く」と書き、また勅賜の屛風に詩を書いて献上した折の上表文に、「空海、儻《たまたま》、解書の先生に遇って、粗《ほぼ》、口訣《くけつ》を聞けり」というように、詩文や書の研鑽も行なっていますし、筆の製法も習っています。おそらくは官宅に滞留中のことであったろうと思われます。

西明寺の近くには西市があり、ここには多くの外国商人たちが集まっていました。ウィグル、ソグド、ペルシャなどの商人や異教徒らの往来もしばしば見受けられたことでしょう。西明寺の付近にはキリスト教の一派の景教の教会大秦寺や、妖教の寺院も散在していたのです。大師は景教をはじめ、ゾロアスター教、マニ教などの異教の寺院や教会にも足を運ぶことがあったでしょう。この間にも、長安の街を歩きながら、仏教界の動向に観察の眼をむけたはずです。玄奘三蔵とかかわりの深い大慈恩寺、不空三蔵と関係のある大興善寺などを周遊したことはいうまでもありません。そして、密教の受法にとって梵語の学習が必須なことも、長安の都に来て実感されたことの一つでありました。

醴泉寺《れいせんじ》にはカシミール出身の般若《はんにゃ》三蔵や北インド出身の牟尼室利《むにしり》などがいました。弘法大師はまずこれらのインド僧について梵語の学習から始めたのです。単に梵語のみならず、インドのあらゆる宗教についても一通りは聴聞したことでしょう。般若三蔵からは彼自身の翻訳した新訳の『華厳経』四十巻、『大乗理趣六波羅蜜経』十巻のほかに、梵語の原典なども貰いうけています。のちにその漢訳を完成する『大乗本生心地観経』の内容についても、弘法大師は直接に般若三蔵から講義をうけたことも知られています。この経典の翻訳が完成をみたのは大師帰朝後の元和五年（八一〇）でありますが、この翻訳にあたっては、わが国からの入唐僧霊仙も筆受と訳語にたずさわっていますから、大師が醴泉寺に通って学んだのも、あるいはこの霊仙と一緒であったかもしれません。

かつて般若三蔵はイラン系の景教僧の景浄（アダム）とともに、ソグド語系の胡本の『六波羅蜜経』からの漢訳をしたことがありました。景浄は三十二部の景教聖典を漢訳していますが、「大秦景教流行中国碑」の撰者としても知られています。この碑の模刻が現在、高野山奥の院入口に建っていますが、それはともかくとして、この胡本からの翻訳が十分なものでなかったために、般若三蔵はのちに再び梵語の原典から訳出し、それを弘法大師に与えたのです。

この醴泉寺には、恵果和尚《けいか》の弟子義智もおりました。弘法大師が長安に入った年の貞元二十年（八〇四）には、恵果は醴泉寺に出向き、弟子の義智のために金剛界の大曼荼羅を建立し、尊位を拼布《へいふ》して祈雨の修法を行なっています。その法筵には般若三蔵もつらなっておりました。だから、醴泉寺で弘法大師はこの金剛界大曼荼羅を見たはずですし、恵果のことについても聞き及んでいたはずです。密教の求法のために、いま梵語を学んでいる弘法大師のことも、あるいは義智などを通じて恵果和尚の耳にも達していたかもしれません。のちに弘法大師が青竜寺東塔院に恵果を訪ねたとき、「和尚乍《たちま》ちに見《まみえ》て笑《えみ》を含み、喜歓して告げて曰く、われ先より汝の来るを知りて、相待つこと久し。今日相見る、大《おおい》に好し、大に好し」と語ったと、弘法大師自身書きのこしているのです。

弘法大師が長安城の東南隅の左街新昌坊にある青竜寺東塔院に、恵果和尚を訪ねたのは五月も下旬になってのことでした。恵果は自らの余命いくばくもないことを知り、「速やかに香花を弁じて、灌頂壇に入る」ことをすすめました。青竜寺東塔院の灌頂堂には、内部に仏塔があり、その仏塔の下、内外の壁の上には、ことごとく金剛界および大悲胎蔵の大曼荼羅が描かれ、また一々の別尊曼荼羅も図絵されていました。その堂内はあたかも衆聖儼然として華蔵世界がひらけ、万徳輝曜して密厳の浄土に還るがごとくであったと恵果の俗弟子の呉慇は書きとめております。

まず、弘法大師に発菩提心戒《ほつぼだいしんかい》が授けられました。次いで、六月上旬には学法灌頂壇に入りました。受明あるいは持明灌頂ともいいます。この日、大悲胎蔵の大曼荼羅に臨み、弘法大師は如法に投華しました。すると、たまたまその花は中台の毘盧遮那如来の上に落下したのです。恵果は「不思議なことよ」と再三讃歎したといわれるぐらい、それは稀有なことでありました。その後の一か月の間は、胎蔵の梵字儀軌、諸尊の瑜伽観智を学んだのですが、ここで般若三蔵から習っていた梵語の力が大いに役に立ったのです。師主の恵果は弘法大師の受法ぶりについて「漢梵差《たが》うことなく、悉く心に受」けたと感歎しています。これも恵果の弟子呉慇が書きのこしていることです。

七月上旬には、金剛界の大曼荼羅に臨んで、重ねて五部灌頂を受けました。再び投華をすると、あろうことかその花は再度、中央の毘盧遮那如来の上に着いたのです。師主の恵果も驚歎したほど、もはやそれは単なる偶然ではなく、おのがはからいを超えた神秘のわざというほかありませんでした。かつて恵果自身、その師不空三蔵から灌頂をうけたとき、投じた花は転法輪菩薩の上に落ちました。三蔵は恵果こそわれに次いで密教の法輪を転ずる人と喜んだといいます。いま、弘法大師の投じた花が、ともに大日如来の上に着いたというのは、万有の源底たる法身大日如来の両部の大法が、まさに弘法大師その人へと継承され、大師自身もまた法身の仏位に登ったことを象徴しているのです。恵果和尚は弘法大師に遍照金剛《へんじようこんごう》という灌頂名を与えました。遍照とは毘盧遮那の意訳であって、大日如来をさすことはいうまでもありません。

八月上旬には伝法阿闍梨位の灌頂を受けています。ここに、真理の具現者として、真言密教の両部の大法を伝授しうる資格が与えられたのであります。恵果和尚には多くの弟子がいました。中国の人に限らず、近隣の諸国からも幾人かの門弟たちが、そのもとに膝歩肘行して学んでいました。わけても訶陵国（ジャワ島中部）の弁弘、新羅の恵日、剣南（四川省）の惟上、河北の義円などは有名でした。しかし、その彼らとて、大悲胎蔵か金剛界の、いずれか一部の法だけを得たにすぎず、両部の大法を授けられたのは、数多い弟子の中、青竜寺の義明と日本からの留学僧弘法大師空海だけであったといいます。弟子の中には、異国の青年僧への異例の授法を妬み非難したものもあったといいますが、青竜寺の義真など多くの人々は弘法大師の聡明該博な学識と五筆の才を兼ねていたことを、常に称賛していたと円珍が報告しています。

弱冠より山林を宅《いえ》とし、禅黙を心として久修練行を重ねた求法の旅は、いまようやく終ろうとしているのです。この日、弘法大師は慣例にしたがって五百人の僧を招き、斎筵を催しました。青竜寺、大興善寺、醴泉寺等の供奉大徳らもその席に臨み、この異国の青年僧の求法成満を祝し、随喜してくれました。灌頂が終わった後の数か月は、密教経軌の書写や曼荼羅、仏具類の製作に余念がありませんでした。両部の大曼荼羅など十鋪は朝廷の専属画家、李真など十数人に図絵させました。同じく朝廷専属の鋳博士《いものはかせ》には密教法具十五事の新造を依頼しています。さらに二十数人の写経生を雇い、自らも加わって密教経論、約三百余巻の書写を行ないました。この書写には随身携行して持ち帰る便を考えて、極細字で書写する小冊子の体裁を採用しています。

　授法がすべて完了すると、師主恵果は法灯継承の印信《いんじん》として、仏舎利など八種のものを弘法大師に与えました。これらはすべて金剛智が南インドから請来し、付法のあかしとして、不空、恵果へと相伝されたものでした。恵果自身は自ら使用していた犍陀《けんだ》穀子《こくし》の袈裟、瑠璃の鋺《わん》や箸など五種のものを弘法大師に与えました。弘法大師は文字通り、師主の衣鉢を継いだのです。恵果は、この真言の秘法を「早く郷国に帰りて以て国家に奉り、天下に流布して蒼生《そうせい》の福を増せ」という言葉をのこして、その年も暮れに近い十二月十五日に遷化《せんげ》しました。その入滅の夜、一人東塔院の道場で持念していた弘法大師の前に、恵果の姿が宛然と現われ、「われと汝とは久しく契約ありて、誓って密蔵を弘む。われ東国に生まれて必ず弟子とならん」と告げたと、弘法大師は朝廷への帰国報告のなかに書きしるしています。多くの遺弟のなかから選ばれて、亡き師主の碑銘を書いた弘法大師は、その碑文のなかでも、この夜のできごとを書きとめています。

「早く故国に帰って、大衆の福祉を増すように」との師主の言葉にうながされるように、弘法大師は帰国の決意をいたします。ちょうどその頃、唐朝新帝への「会同の礼」つまり朝貢礼謁のために、急拠派遣された高階真人遠成《たかしなのまひととおなり》が遣唐判官として長安に入り、帰朝の途につこうとしていました。弘法大師は帰国の願書を高階判官を通じて唐の朝廷に提出し、許可を得ました。さきにも引いた中国の史書『旧唐書』には、「元和元年、日本の国使、判官高階真人上言す。前の件の学生（空海と橘 逸勢《たちばなのはやなり》）芸業稍成り、本国に帰らんことを願う。便ち臣（遠成）と同じく帰らんことを請う、と。之を従《ゆる》す」と記録されています。弘法大師がこのとき帰国を願いでた上啓文も『性霊集』のなかに収められています。そのなかで「十年の功、これを四運に兼ね」たと書いていますが、当初二十年を期した留学の成果は、この二年間で完全に果たされたといっているのです。

弘法大師が高階判官らとともに長安の都を後にしたのは、たぶん三月も下旬の頃でした。出港地の明州への途中、越州にしばらく滞在した弘法大師は、節度使に援助を求めて最後の資料蒐集を行なっています。帰国の準備もすっかり整い、留学成果の報告と請来経軌類の目録の草案なども書きあげて、明州の港を出帆したのは、秋も終わりに近い八月か九月のことでありました。留学生の逸勢も一緒でした。

筑紫にいつごろ帰り着いたのか、詳しい月日はわかりません。帰途の航海でも、しばしば漂《ひょう》蕩《とう》に逢ったと、のちに主殿寮《とのものりょう》の助《すけ》、布勢海《ふせのあま》への手紙のなかで弘法大師は述懐しています。このとき平《たいらか》に本朝に帰ることを祈って誓った一禅院の建立が、のちに高野山を開く一つの素因にもなったのです。帰国してみると、桓武天皇は崩御され、平城天皇が即位されて、年号も大同元年（八〇六）と改まっていました。弘法大師には、たとえ留学の期を欠くという違約があったとしても、しかもなお生きて難得の妙法を請来し得たという自負の念《おも》いがありました。しかし、なぜか弘法大師には上京復命の許しが来なかったのです。やむなく、十月二十二日に高階遠成に託して留学の成果を報告いたします。いわゆる『御請来目録』です。その上表文には恵果の夢告とともに、あえて永忠の名前も書きいれてあったのですが、黙殺されました。大宰府鴻臚《こうろ》館《かん》から筑紫の観世音寺に移住することを命ぜられたまま、弘法大師はなおも三年間をこの地で過ごすことになるのです。これが平城天皇在位の期間と符合することは、決して偶然のことではなかったのです。華やかな唐の都での求法の旅は、『御請来目録』を提出したまま、再び筑紫での韜黙《とうもく》の禅思を経て、やがて弘法《ぐほう》の活動へと続くのですが、そのためには、なお十年の月日が経過しなければならなかったのです。事実、のちに弘法大師の弟子実恵が長安の青竜寺義明にあてた書状で、弘法大師の主張する真言密教について、「この間（日本では）、法匠は各々矛盾をなし、肯《うべな》いて服膺することをせず。十余年間、建立を得ることなし」と書き送っているのです。

長安から—入唐求法の請来品—

入唐以前の研鑽

桓武天皇が第十六次の遣唐使節を派遣することを決めたのは、前にも述べたように延暦二十年（八〇二）八月であります。この時期にこうした決定がなされた理由は必ずしも明らかではありませんが、しかしこのときの遣唐使の入唐が平安仏教の端緒を開いたことは事実です。この遣唐使節の船団には、のちに天台と真言の二宗を創立した伝教大師最澄と弘法大師空海の二人も加っていたからであります。遣唐使を派遣する目的の一つに唐国の文物制度の移入があり、そのために十名前後の留学生や留学僧がほとんどいつの場合にも同行したのです。彼らの人選がどのように行なわれたのか定かでありませんが、延暦二十年八月十日には藤原葛野麻呂が遣唐大使に任命され、石川道益が副使に選ばれました。このとき判官、録事各四人も同時に発表されています。

伝教大師最澄が請益僧として入唐するのが決まったのは、それから一年後の延暦二十一年九月十二日でした。このとき、同じ天台法華の留学僧として円基と妙澄の二人の入唐も勅許されています。請益僧とは還学僧ともいい、すでに一家をなしている学匠の短期留学をいいます。唐国からの渡来系の末裔でありながらも中国語が十分に話せなかった伝教大師は、留学の成果をあげるために、通訳として、その年の正月に得度したばかりの沙弥義真を同伴することを願いでて許されています。義真は幼少のころから漢音を学び、ほぼ唐語に通じていました。しかし、彼は単に伝教大師の通訳をつとめたばかりでなく、彼地では自らもまた天台の法義を学び、伝教大師なきあと、比叡山寺の座主となったほどの人です。このように、天台法華を学ぶための留学僧四名を同時に入唐せしめた背景には、桓武天皇の側近で、当時、大学頭でもあった和気広世の強力な推挙があったと思われます。桓武帝自身もまた、道鏡や元昉の事件にみられるような南都の仏教勢力を政治からきりはなすためにも、さらには天武系の勢力のきずなを絶ち切るためにも、伝教大師の目指す新仏教に期待をよせていたふしがあるのです。

桓武天皇は都を長岡に遷した延暦三年（七八四）以来、大学において、従来の『春秋左氏伝』に加えて、『春秋公羊伝』と『穀梁伝』を講ぜしめ、延暦十七年（七九八）には、これらの二伝を大学における正式科目として採用して、たび重なる遷都と東征を正当化するイデオロギーの学たらしめました。それと呼応するかのように、伝教大師はこの年十一月から比叡山において法華十講を始めています。伝教大師自身がよく口にする「法華・金光明は先帝（桓武）の御願なり」ということからしても、法華の開講は桓武帝の意志にかなうものでもあったのです。和気広世は、かつて道鏡の野望を退けるのに功あり、また平安への再遷都にもかかわった和気清麻呂の長子です。その広世は延暦二十一年正月に、和気氏の私寺である高雄山寺に善議、勤操、修円といった南都の学僧十余名を招き、伝教大師を講師として天台法華の講説を行なわしめています。しかも桓武天皇はこの法筵に治部大輔の和朝臣入鹿麻呂を勅使としてつかわし、天台の『法華玄義』等の演説を賞賛する口宣を発したといいます。これに対して、善議らは天台の教えのみが独り諸宗を超えて勝れ、南都七大寺の学僧も六宗の学衆も、未だかつて見聞したこともない妙円の教えは釈迦一代の教法を総括するものであり、この教えによって久しく続いた三論・法相の諍いもすっかり氷解することになりましょうと、天皇にこたえて天台受講の謝辞としています。この法華会が直接の機縁となって伝教大師など四名の留学が実現をみたのですが、大学頭和気広世によって設定され、しかも桓武帝によっても容認されたものであってみれば、南都の学匠たちも、僧綱所としても、これをむげに拒むことはできなかったでありましょう。もっとも、当時、行賀は僧綱の首ともいうべき大僧都でしたが、彼自身、在唐三十一年におよぶ留学生活を経験し、帰朝の折、その成果を問われた些少のトラブルはあったものの、唐にあっては唯識と法華を学び、『法華経疏』などを筆削した人でもあってみれば、伝教大師に対してもいささかの理解を示しえた一人であったろうと思われます。

他方、弘法大師空海の入唐にいたる経緯については、ほとんどまったくといってよいほど、なにもわかっていません。延暦十年（七九一）の秋、大学の明経科に進んだ弘法大師はやがて仏教の世界に心を傾け、延暦十六年（七九七）の暮には『聾瞽指帰』一巻を著わして、三人の仮想の人物をして当時の三大思想であった儒教・道教・仏教の本旨を語らしめ、戯曲風に比較思想の論書たらしめて、自らの進むべき道をも示唆しています。『続日本後紀』はこの「三教論」が「信宿の間」すなわち二三日のうちに書きあげられたとする風聞を伝えていますが、この著述は奈良末期の代表的な知識人であった吉備真備や石上宅嗣などの主張した仏教優位説の系列に属するものといえましょう。この『聾瞽指帰』の序文と結頌の十韻の詩をすっかり書きあらためて、三教調和の思想的立場を明らかにしたのが『三教指帰』三巻です。のちに改作した『三教指帰』序文の末尾には、『聾瞽指帰』のそれと同じく、延暦十六年十二月一日の日付がみられますが、その改作は唐から帰国したのちのことであったといわれています。そのように推定される理由の一つは、弘法大師の入唐した時期の中国の思想界では、前代の三教論難の思潮が三教調和の論潮へと移りかわっていたからです。だからといって、大師が三教融和の立場から序文と結頌とを書きあらためたのは、時流へのすばやい適応ということでは決してありません。その立場こそ、あらゆる思想体系の存在意義と価値とを認める真言密教の包括性にかなうものであったのです。こうした考えは、しかし、すでに大学時代に学んだ鄭玄の折衷学の思想によって培われていましたし、同郷の入唐留学僧戒明のもたらした『釈摩訶衍論』に接するに及んで、一層その確信を深めることになったと思われるのです。

弘法大師が経史や緯書のほかにも、早くから仏教の経典論書を広く渉覧していたことは、『聾瞽指帰』からして瞭然です。しかも大師はこれらの仏典を単に知識として学んだばかりでなく、山林での修行を通じて、自らの生きる証《あかし》としていたことも明白です。その機縁は一沙門から受けた「虚空蔵求聞持法」であったと、自ら『三教指帰』の序文に書きとめています。この一沙門を大安寺の善議の弟子の勤操とするのは後世の伝記類ですが、ただこの求聞持法をはじめてわが国にもたらしたのは、前述のごとく大安寺の始祖道慈であったとみて、まず間違いありますまい。真言密教の基本経典の一つ『大日経』を漢訳して中国にひろめた善無畏三蔵が、中国にきて最初に翻訳したのが、この虚空蔵求聞持法であったのです。道慈は長安にあって、直接に善無畏よりこの法を受け、その翌年の養老二年（七一八）に帰朝しました。道慈が専門としたのは三論の教学であったのですが、長安では真言密教の一端をも学んで帰ったふしがあります。鎌倉時代の東大寺の学僧凝然は、いかなる資料にもとづいたのか詳かでないとしても、その著述『三国仏法伝通縁起』のなかで、「道慈は真言の法をもって善議と慶俊とに授く」とし、「大安寺に慶俊律師と善議大徳あり。道慈に随従して倶に真言を学ぶ。慶俊大徳は専ら真言をもってその本宗とす。すなわち愛宕山の本願なり」とも記しています。

愛宕山はまた珍皇寺とも呼ばれますが、いわゆる二十五か条の『御遺告』では、その珍皇寺の創建者について、弘法大師のことばとして「これ吾が祖師、故の慶俊僧都なり」といって、大師と慶俊とのかかわりの深いことを暗示せしめているのです。平安末期の辞書である『伊呂波字類抄』では、「弘法大師は幼少のとき慶俊僧都に従う」と書きとめていますが、勿論、その年代の隔たりからみて、弘法大師が直接に慶俊から学んだことはありえません。だからこそ、『御遺告』では慶俊をあえて「祖師」と呼んでいるのです。もしもこうした伝承がなにほどかの史実を反映してのものであったとすれば、入唐以前の大師はおそらく優婆塞としてではあっても、大安寺の道慈―慶俊の法脈につらなっていたことになりましょう。しかも慶俊との直接のつながりはありえないとすれば、ここに慶俊の弟子であった戒明が浮上してくることになります。さきにも触れましたように、戒明は大師と同じ讃岐国の出身です。しかし、残念ながら、この戒明についても、われわれは詳細には知りえません。鑑真の弟子で、ともに来朝した唐僧思託の撰述にかかる『延暦僧録』によれば、戒明は俗姓を凡直《おおしのあたい》氏といいます。彼は大安寺にあって慶俊を師主として華厳の奥旨をきわめ、師の慶俊と同じく「兼ねて異聞を採る」といわれるほどの神験をあらわした修行者でもありました。「遠近の緇流、その日月を蒙る」とあるところからすれば、仏教界にもかなりの影響力を及ぼした人物であったようです。この「遠近の緇流」のなかに、若き日の大師の姿があったとしても不思議ではありますまい。

　留学僧として入唐した戒明が帰国したのは宝亀九年頃だといわれますが、翌十年には彼の将来した『釈摩訶衍論』十巻は竜樹の真作にあらずということで、南都の仏教界に大きな波紋をひき起こすことになります。この年の閏五月二十四日、戒明は、大学頭で文章博士でもあった淡海真人三船から一通の書状を受けとりました。

　一昨、使至って唐より新来せる釈摩訶衍論を垂示さる。名を聞いて初めは竜樹の妙釈を見ることを喜ぶも、巻を開いて後、馬鳴《めみょう》の真宗を穢すを恨む。今、この論を検するに、実には竜樹の旨には非ず。これ愚人が菩薩の高名を仮りて作るところなるのみ。（中略）今、この偽釈は文鄙《いやし》くして義昏《くら》し。（中略）今、大徳は当代の智者なり。何ぞ労して遠路この偽文を持ち来るや。昔、膳大丘《かしわでのおおおか》の唐より持ち来れる金剛蔵菩薩の注金剛般若経もまた、この論と同じく、ならびに偽妄の作なり。願わくは、早く蔵匿して流転すべからず。笑を万代に取らん。真人三船白《もう》す。
宝亀十年閏五月二十四日状《しる》す。
戒明闍梨座下

つまり戒明が唐より将来した『釈摩訶衍論』十巻は、馬鳴の『大乗起信論』に対する竜樹の注釈というけれども、竜樹に名をかりた別人の偽作であり、馬鳴の真意をそこねる駄作にすぎぬ。だから、早々に隠匿して世の人々の眼に触れぬようにしなければ、久しく後代の失笑をまねくことになろうというのです。これよりさきに、僧綱の一人、賢璟もまたこの論書を偽作ときめつけていました。同じく僧綱の一人で少僧都であった師主の慶俊は、前年の宝亀九年（七七八）に没していたこともあり、文人の首とあがめられていた淡海三船の偽作判定は、世の知識人をして戒明の学識と留学の成果を疑わしめることにもなったろうと思われます。

ところで、さきの『延暦僧録』では『釈摩訶衍論』については言及せず、このとき問題となったのは『大仏頂経』であったと記しています。南都の学僧らはこれを偽経として焚書とすべきことを連署して奏上したのですが、ひとり戒明のみが連署を拒み、この経が焚書の難に遭うことを免れしめたと記されています。『釈論』といい『大仏頂経』というも、華厳を専門とする戒明にとっては必修の経論と考えての請来であり、擁護であったのです。なかでも『釈摩訶衍論』は、「流転して笑を万代に取る」どころか、やがて日本仏教を新たな方向へと展開せしめる契機となったのです。それは、さきにも述べた弘法大師とこの論書との出会いであります。この論が弘法大師の思想形成に大きな影響を及ぼしたことは、多くの学者によって明示されているところであります。

そうはいっても、『釈論』を「早く蔵匿して流転すべからず」とする大学頭の見解は、そのまま僧綱所の方針ともなったでありましょう。だとすれば、当時この論書は誰でも自由に披覧できるものではなかったでしょう。戒明の没年については詳かでありませんが、『本朝高僧伝』では延暦年中の逝去といいます。大師がこの『釈摩訶衍論』と出会ったのが延暦十六年以前であったことは、『聾瞽指帰』にその影響が認められることからも予想されます。おそらく大師はこの論書の存在を、直接、戒明から知らされたでありましょう。求聞持の法を授かったのも、あるいは戒明からであったかもしれないし、『大日経』との邂逅もまた、戒明を通じてのことであったかもしれません。『日本霊異記』には、この戒明が宝亀七、八年頃、筑紫の国師として肥前佐賀での安居会で八十華厳を講じたときのエピソードを記していますが、その年代には問題がありましょう。大師との出会いの当時、戒明が大安寺にいたのか、あるいはまた久米寺あたりにいたのか一向に不明ですが、一説には、彼は一行禅師の『大日経義記』を将来した西大寺の得清らとともに入唐し、彼地にあっても、得清らと一緒に密教をも学んで帰朝したといいます。もしもそうだとすれば、弘法大師が「精誠、感ありて、この秘門を得」たとしても、戒明なき後は真言の研鑽を続けようにも、「文に臨んで心昏《くら》く」、その解決はただ入唐求法にまつほかなかったでありましょう。

『御請来目録』の意義

一般に『御請来目録』と呼ばれるものは、古くから『進官録』ともいわれるように、弘法大師空海が唐国から帰朝したとき、朝廷に提出した留学成果の報告書です。その日付は大同元年（八〇六）十月二十二日となっていますから、弘法大師の帰国はそれ以前ということになります。大師に限らず、すべての入唐留学生は帰朝の後、その成果を朝廷に報告する義務を負わされていたのですが、奈良朝以前のものは現在まったく残っていません。霊亀二年（七一六）から天平七年（七三五）にいたる二十年間を留学に費した奈良興福寺の元昉などは、経論章疏五千余巻と仏像類を将来したといわれますが、その請来録が現存しないために、詳細については知りえません。また提出された進官録にもとづいて、その留学の成否をどこで誰が判定したのかも定かでありません。かつて多年にわたる在唐留学を終え、唯識と法華を学んで帰国した行賀は五百余巻の経疏を将来していますが、帰朝後、東大寺の明一法師の試問をうけ、適正な解答ができないことで学殖の膚浅をなじられ、朝廷の期待にそむくことを責められたと伝えられています。同様のことは、さきに述べた大師と深いかかわりをもつ戒明の場合にも見られました。宝亀九年（七七八）頃に帰国した戒明は、『釈摩訶衍論』十巻をはじめてわが国に伝えたのですが、この論書が竜樹の真作でなく、しかも馬鳴の本意を著しく損ねる偽妄の作として、その請来とわが国での流布をいさめたのは、前にも申したとおり、時の大学頭、淡海真人三船でした。僧綱職の一人賢璟もまた、この論書を検勘して偽作と判定したといいますから、留学生の業績は僧綱所や七大寺の学僧らによって審査されたのかもしれません。あるときには、大学寮の頭が加わることもあったでしょう。いま、大師の場合もそうした審査が行なわれたかどうか、まったく知るところがありません。

進官録に一定の形式があったかどうかも分りません。平安期の留学僧のものとしては、弘法大師のそれをはじめとして、一足早く帰国した伝教大師最澄の二部の「将来録」も残っていますし、その後の入唐僧、たとえば円仁、常暁、円行、円珍らのものも伝わっています。ただ、残念ながら伝教大師らとともに帰朝したと思える永忠の進官録は散佚してしまっています。これらの目録はそれぞれの留学僧が目指した世界と実際の行動を端的にあらわしている点で、わが国の仏教界の事情を推定せしめるとともに、それぞれの時代における中国の宗教界の動向をも把握できることで、仏教史上の貴重な資料ともなるべきものであります。

この進官録には上表をそえて奉上するのが通例であったようで、弘法大師の場合には「新請来の経等の目録を上《たてまつ》る表」がそれに当たります。この上表文で、大師はまず自らが公的な留学僧として朝廷の命をふくんでの入唐であったことから筆を起こし、青竜寺の恵果和尚から両部の密教を受学したこと、しかもこの大法こそが諸仏の肝心であり成仏の径路たることを述べ、玄宗皇帝以来、密教が中国仏教の主流をなし、一人三公から四衆万民にいたるまで、こぞってこの教法に稽首鼓篋《けいしゅこきょう》している現状を伝えています。いま、彼地において帝とも称せられる真言密教を、はるか遠く唐国よりもたらしえたのは、あたかも平城天皇が新たに帝位に即《つ》かれたことと符を合するかのごとくであり、「聖に非《あら》ずんば、誰か測《はか》らん」として、それが決して単なる偶然でないことを示そうとしています。しかしそれは、所定の期限を短縮して帰国したことへの弁明ととれないこともありません。「空海、期を闕《か》く罪は死して余りありといえども、窃《ひそか》に喜ぶ、得がたき法を生きて請来せることを。一懼《いっく》一喜《いっき》の至りに任《た》えず」と書きとめられているように、大師は当初予定されていた二十年間の留学を、まる二年の滞在で帰朝したのです。しかしそれは、大師と時を同じくして入唐したものの、「佯《いつわ》って眼疾と称し、すなわち本国に帰った」天台法華の留学僧円基などと同列に評価されるべきものではなかったのです。それは大師自身、「本国の使に与えて共に帰らんことを請う啓」（『性霊集』巻五）のなかで、「十年の功、これを四運（一年）に兼ね」たと記しているように、二十年間ではたすべき成果を僅かに二年でなし遂げた以上、いまは一刻も早くこの成果を国家に奉り、天命に答えようとするためなのであって、もはや久しく他郷にあって、空しく時を過ごす必要なきを認めたからにほかなりません。

しかも、そのことは『御請来目録』のなかにおいても明記されているように、一にかかって師主恵果が入滅を前にして告げた遺誨にあったのです。いうところの師主のことばとは、「早く郷国に帰って以て国家に奉り、天下に流布して蒼生《そうせい》（大衆）の福を増せ。然れば則ち四海泰く、万人楽しまん。これを則ち仏恩を報じ、師徳を報ず。国のためには忠、家においては孝なり。義明供奉は此処にして伝えん。汝はそれ行きて、これを東国に伝えよ。努力《つとめ》よ、努力《つとめ》よ」というものでありました。この遺誨につづけて、師主が入滅された夜、一人道場にあって持念していた大師の前に恵果和尚の姿が宛然と立ち現われ、「われと汝と久しく契約ありて、誓って密蔵を弘む。われ東国に生まれて必ず弟子とならん」と告げたことも報告しています。これは単に瀉瓶のごときまったき付法を意味するのみならず、大師自身がまた大日如来の仏位に登ったことを象徴する事象でもあったのです。師主の夢告は、このようなきわめて重大な意義を有していたのであり、自他ともに容認すべき、こよなき権証でもあったのです。したがって、その進退は大師自身の恣意によるものでなく、その去留はすべて師主の言に随順してのことであったのです。

　そのことは、遺弟のなかから選ばれて大師が撰文し、かつ自ら揮毫した恵果和尚の碑のなかにも書きのこされています。それにもかかわらず、進官録を判官高階真人遠成に託して呈上したのは、大師の入京が許されなかったためなのです。事実、大師は帰国後なお三年ばかりを、筑紫の地で過すことになるのです。大師とは事情を異にしていたものの、のちに、やはり三十年間の留学を期しながら、唐の朝廷の命により、長安への入京を許されないまま、大使一行とともに帰朝せざるをえなかった常暁は、承和六年（八三九）九月二日付の「請来録上表」のなかで、次のように述べています。「常暁、本謂《もとおも》えらく、三十年を果して漢里を経歴し、仏法を求め来って、幸《さいわい》に国家を護らんと。而《しか》るに唐朝、留住を聴《ゆる》さざるにより、使に随って同じく帰る。窃《ひそか》に以《おも》う、一《もっぱ》ら善き此の法教を生きて請来せることを。一喜一懼の至りに任《た》えず。」彼もまた、その請来録を准判官藤原貞敏に託して呈上しているのですが、上表における欠期帰国の弁明は、さきの大師のそれを参考してのものであったと思われるほど、その文章表現はよく似ています。

　進官録によって、われわれは大師と恵果和尚との出会いの模様や、具体的な受法の状況を知ることができますが、さらにまた、ここで大師は顕教と密教との違いを成仏の遅速にありとして対弁し、成仏の径路としての密教思想の正当性と優位性を主張しながらも、「法界は一味なり」とする包摂的拡がりをもつ宗教観を示していることに留意しなければなりません。同時にまた、自ら将来する密教の正統性については、その付法が遍照（大日）如来から金剛薩埵、竜猛菩薩、竜智阿闍梨、金剛智三蔵、大広智（不空）阿闍梨へと順次相承されたものという血脈をあげて、その証左としています。その他、梵字真言の意義、曼荼羅などの図像が有する密意などについても簡潔明晰に略説されているけれども、こうした考えは、やがてのちに『弁顕密二教論』『即身成仏義』『声字実相義』『吽字義《うんじぎ》』『十住心論』『秘蔵宝鑰《ひぞうほうやく》』といった多くの著作によって、確固たる体系化がはかられることになるのです。いわば、この帰国第一声ともいうべき『御請来目録』には、すでに大師の思想がほぼ完全な形で凝縮しているといえるのであり、そこにこの目録のもつ今一つの重要な意義があるのです。

請来の経軌典籍

大師の請来品には大別して、経律論疏章伝記の文献類と仏菩薩金剛天等の大曼荼羅、三昧耶曼荼羅、法曼荼羅のたぐい、それに伝法阿闍梨の影、密教法具、および阿闍梨付嘱物などがあります。勿論、これらは進官録に記載されているもののみであって、このほかにも録外の請来品がなお数多く存在することが知られています。

まず、新訳等の経軌、梵字の真言・讃、さらに論疏章等の典籍は、目録によれば二一六部四六一巻におよびますが、そのうち一九二部は密教のものであります。すでに奈良時代に一三一部の密教経典がわが国に伝えられていましたが、その殆どは呪術的傾向の強い、いわゆる雑部に属するものでした。もっとも、『大日経』や『金剛頂瑜伽中略出念誦経』、さらには一行《いちぎょう》禅師による大日経の注釈など、僅かながら純密経典もすでにもたらされていました。いま大師によって請来された経論のなかで、奈良期に伝来していた密教経典と重複しているのは、金剛智訳の『金剛頂瑜伽中略出念誦経』四巻など三ないし四部にすぎません。また新請来の経論のうち、一〇五部は『貞元録』にすら未載のものであり、その増補版ともいうべき『貞元新定釈教目録』にも記載されていない新訳の経軌が一三部もあるのです。大師請来の経軌のうち、その半数に近い一一六部が不空三蔵の翻訳にかかるものであることも、大きな特色です。同じ不空三蔵訳の『金剛頂一字頂輪王瑜伽一切時念誦成仏儀軌』一巻、『仏頂尊勝陀羅尼注義』一巻なども請来しているのですが、なぜかこれらは『御請来目録』には記載されていません。また『木槵経』一巻、『釈迦牟尼仏成道在菩提樹下降魔讃』一巻、『如意輪観門義注秘訣』一巻、『華厳経入法界品頓証毘盧遮那字輪瑜伽儀軌』一巻、『大日経供養式』一巻などは、現行の大正新脩大蔵経に収められているものでは未訳となっていますが、大師の請来録によれば、すべて不空三蔵の訳出せるものであることがわかります。

大師自身が長安における師としてあげる人に、恵果和尚のほか、罽賓《げいひん》国から来唐して醴泉寺に止住していたインド僧の、般若三蔵がいます。大師はこの般若三蔵や同じくインド僧の牟尼室利三蔵から梵語や南インドのバラモンなどの教説を学んだり聞いたりしたのですが、進官録に般若三蔵訳として出す四部のうち、新訳の『華厳経』四十巻と『大乗理趣六波羅蜜経』十巻は、貝葉の梵語原典三篋とともに、直接、般若三蔵から贈与されたものです。それは、すでに老齢のため東海の日本に渡りえない般若三蔵が、自らの訳出した経典を大師に託することで、日本との法縁を結び、大衆の抜済に資せんとしたためであったと記されています。

大師はまた、新翻の経軌のほかに、旧訳ではあっても、未だわが国に伝えられていないものを二四部九七巻ばかり請来してもいます。それは大師の経典請来が重複を避けた計画的なものであったことを物語っています。それを行ない得るだけの綿密な事前の調査が、すでに入唐以前の大師には行なわれていたことを示唆しているといえましょう。

大師請来の論疏章のなかに、智顗の『法華玄義』一部十巻、『法華文句疏』二部二十巻、『四教義』一部十二巻のほか、湛然の『法華記』一部十巻、清索の『法華賛』一部四巻など、天台関係の論書が含まれていることも注目すべきことに属しましょう。すでに早く、智顗は『法華玄義』巻十下において法華経を秘密の教とし、『法華文句』巻九下にあっても法身如来を毘盧遮那、報身如来を盧舎那、応身如来を釈迦文として、この三仏の一異ならざることを主張しているからです。伝教大師が密教に強い関心を寄せ、法華一乗と真言一乗とは何ら差なしとするのも、こうした智顗らの解釈を拠りどころとし、権証としてのことであったろうと思われます。また自ら荊州玉泉寺系の天台を学んだ一行禅師が大日経の注解にあたって多く法華経を依用していることも、伝教大師をして「遮那宗と天台とは融通し、疏宗もまた同じ」と言わしめることにもなっているのです。伝教大師は弘法大師と同様、すでに入唐以前に、奈良期の玄昉や得清らによって将来されたと思われる大日経の注釈を写し取って読んでいました。その注釈は

『大毘盧遮那経義記』と呼ばれる七巻本であったのですが、いずれも破損等があって完全な写本ではなかったようです。弘法大師が一行禅師撰『大毘盧遮那経疏』一部十巻を改めて請来されているのも、そのためです。

ここで特に注意しておきたいことは、大師請来の大日経疏の巻数が十巻であったことです。宝厳寺所蔵の進官録では十巻とあるのを、後に別筆で廿巻と改めたことから、一般に大日経疏が当初から二十巻であったように誤解されているのです。だから、たとえば醍醐三宝院に伝わるいわゆる「大日経開題」を入唐以前の大師筆とみる見解なども再考を要することになりましょう。大日経疏が二十巻に分巻されるのは大師帰朝後のことでありますが、その正確な時期については、今のところ定かになしえません。

大師によって請来された経論の一部が、現に「三十帖策子」として仁和寺に伝わっています。随身携行の便を考えて、細字で書写された小冊子の形態は、大師の独創であったかどうか。このなかには大師自身の筆になるものもいくつか存在しますが、その多くは長安で雇傭した二十余名の写経生の筆になるものです。三十帖策子のなかにあって、しかも進官録には記載されていない典籍には『用珠差別偈』一巻、『注尊勝陀羅尼』一巻、『大威徳忿怒王根本真言』、『華厳和尚講前廻向発願文』などがあります。

弘法大師の進官録はいわゆる『御請来目録』のみであって、その受法が長安のみに限られていたことを物語っています。伝教大師の場合には、いわゆる『台州録』と『越州録』とがあって、主要な受法の場所ごとに「将来目録」を作成しています。しかし弘法大師もまた、具体的な受法ではなかったものの、帰途、越州において経論典籍の蒐集にあたっていることが知られています。「越州の節度使に与えて内外の経書を求むる啓」（『性霊集』巻五）から、そのことがわかるのですが、この啓白文のなかで、大師は越州の節度使に対して、広く儒・道・仏の三教にわたり、経、律、論、疏、伝記類から、さては詩、賦、碑、銘、卜占、医学の典籍、および文法学、工学、科学、医薬、論理学、仏教学に関するもので、少なくとも人々を啓発しうるものがあれば、多少にかかわらず日本に流伝できるように、その援助を要請しています。一介の留学生が州司に対して直接このような依頼を行ないうること自体、きわめて異例のことであったろうと思われます。しかも、この要請はある程度かなえられたと思えるのです。その啓白文のなかで、長安での資料蒐集にふれて、「今、見《げん》に長安城のなかにおいて写し得るところの経論疏等、すべて三百余軸、および大悲胎蔵、金剛界等の大曼荼羅の尊容、力を竭《つく》し財を涸《つく》して趁《もと》め逐《お》って図画せり」と書いています。しかし進官録では、経論疏章等は総計二一六部四六一巻とあり、しかも録外の典籍もかなりな数にのぼることが予想されますから、越州においては少なくとも百五十巻以上の典籍蒐集が行なわれたものと思えます。ただ、越州での蒐集目録が存在しない以上、その具体的な状況を知りえないのは残念です。だから、長安での入手か越州での収集かはわからないものの、詩文、書跡、碑文などの数はかなりの量にのぼっています。しかも、これらはその殆どが録外の請来品であって、たとえば『性霊集』などから知られるものだけ列挙しても、次のようなものがあります。

劉希夷の『詩集』四巻、王昌齢の『詩格』一巻、貞元英傑の『六言詩』三巻（もとは一巻）、

「飛白書」一巻、徳宗の真跡一巻、欧陽詢の真跡一首、張誼の真跡一巻、王羲之の「諸舎帖」一首、不空三蔵碑一首、道岸和尚碑一鋪、徐侍朗の宝林寺詩一巻、釈令起の『八分書』一帖、謂之の『行草』一巻、鳥獣飛白一巻、『急就章』一巻、王昌齢の集一巻、「雑詩集」四巻、朱昼の詩一巻、朱千乗の詩一巻、雑文一巻、王智章の詩一巻、讃一巻、詔勅一巻、『訳経図記』一巻、劉廷芝（希夷）の文集四巻、「古今文字讃」三巻、『古今篆隷文体』一巻、梁武帝の「草書評」一巻、王羲之の「蘭亭碑」一巻、「曇一律師碑銘」一巻（草書）、「大広智三蔵影讃」一巻などです。曇一律師は越州の開元寺で入滅していますから、蘭亭碑などとともに、これらは越州での収集とみてよいでありましょう。

さまざまな請来品

大師の請来品には、経軌典籍のほかに曼荼羅、祖師影像、法具および阿闍梨の付嘱物があります。なかでも両部の曼荼羅の請来は大師をもってはじめとしますが、両部の大曼荼羅各一鋪、大悲胎蔵の法曼荼羅、三昧耶曼荼羅、それに金剛界八十一尊大曼荼羅など、すべて五鋪ありました。ただ八十一尊曼荼羅については、東寺所蔵の伝教大師書写による目録では七十三尊と訂正されていて、その実態を詳かにしません。阿闍梨の影像としては、金剛智・善無畏・不空・恵果・一行のもの各一鋪があり、これらはすべて長安において宮廷専属の画家李真等十余人に描かしめたもので、すべては灌頂受法には欠かすことのできないものでした。金剛智などの肖像五鋪は、現在なお東寺に伝わり現存しています。「四恩の奉為《おんため》に二部の大曼荼羅を造る願文」

(『性霊集』巻七)によれば、これらの請来曼荼羅は帰国後の使用がはげしかったのか、やがて絹破れ彩落ちて、弘仁十二年(八二一)九月に修補転写され、さらにさきの五祖の影像に加えて、このとき新たに竜猛、竜智の両菩薩の肖像を画かせています。

密教法具としては、進官録に五宝五鈷金剛杵、五宝五鈷鈴など九種十八事が記載されています。なかでも金剛杵などには、すべて仏舎利が付着せしめられていましたが、これらもまた長安において宮廷専属の鋳博士趙呉等に依頼して新しく造らせたものです。

阿闍梨付嘱物として請来せるものには、仏舎利八十粒(この中に金色の舎利一粒が含まれていた)、白檀の仏菩薩金剛等の仏龕《ぶつがん》、白緤《はくせつ》の大曼荼羅四百四十七尊、同じく白緤の金剛界三昧耶曼荼羅一百二十尊、五宝三昧耶金剛一口、金銅鉢子一具二口、牙床子一口、白螺貝一口の計八種があります。このうち、白緤というのはよくわかりませんが、あるいは彩色をほどこさない曼荼羅の尊像図様を画いたものであったとも、西域の布に描いたものとも考えられますが、いずれもインド伝来のものと推定されています。白檀彫刻の仏龕は現在なお高野山金剛峰寺に伝承されていますが、中心の阿弥陀三尊の後方に、菩薩、比丘、金剛力士などが配されているものです。進官録によれば、これらの阿闍梨付嘱物はすべて金剛智阿闍梨が南インドから持ちきたったものであり、それが不空三蔵、恵果和尚へと順次伝承されたものであるといいます。もし、そのことが事実とすれば、これら八種の請来品はすべてインド伝来のものということになりますが、しかし、たとえば白檀の仏龕にしても、インド的様式が認められるとはいえ、インド伝来のものとするか否かについては、なお定説をみないもののごとくです。いずれにせよ、これらの付嘱物は「これすなわち伝法の印信、万生の帰依なるものなり」と進官録に明記されているように、まさしく大師が大日如来・金剛薩埵ないし不空・恵果へと嫡々付法されてきた両部の真言密教を正しく受法したことを証明するものとしての授与であったのです。

　この伝法印信としての付嘱物のほかに、大師は直接、恵果和尚から五種のものをもらい受けて請来しています。その五種とは、犍陀《けんだ》穀子袈裟《こくしのけさ》一領、碧瑠璃供養鋺《へきるりくようわん》二口、琥珀供養鋺一口、白瑠璃供養椀一口、紺瑠璃箸一具です。このうち犍陀穀子の袈裟は東寺に伝わり、かつては東寺長者が後七日御修法《ごしちにちみすほ》に着用したといわれています。こうした五種物の所付が意味するところは、大師が文字どおり師主恵果和尚の衣鉢を継承したということでありましょう。事実、数ある恵果の弟子のなかで、両部の大法を受法しえたのは、青竜寺の義明と日本沙門の空海の二人だけであったと、大師自身『広付法伝』に書きとめているのです。

　録外の経軌典籍が数多く請来されているように、仏像類にもそれがいくつか存在したであろうと思われます。しかし、従来の研究から知られるのは、ともに醍醐寺に蔵されている十天形像一巻と仁王経五方諸尊図五幅の二点のみです。このほかにもなお多くの請来品があったと思えるのは、たとえば大師は大同二年（八〇七）二月には、筑紫において田少弐の先妣の忌斎に際して、千手千眼大悲菩薩ならびに四摂八供養等の十三尊を図絵しています。このいわば別尊曼荼羅がいかなるものであったのか明らかでありませんが、おそらく請来図様にもとづいての図絵であったろうと思われます。その他、さきにも触れた弘仁十二年九月には、五大虚空蔵菩薩、五忿怒尊、金剛薩埵、仏母明王、十大護天王、蘗魯拏天《きゃろだてん》像などを描かせ、同じ年の藤原葛野麻呂の忌日にあたっては、理趣会の十七尊曼荼羅一鋪を図絵しています。さらに天長元年（八二四）十月の大日微細会曼荼羅、天長四年五月の大日一印曼荼羅などの図絵供養も、何らかの請来図様によってのことと思われます。そのことは、仏教美術に関する請来品も録外のものがかなり多く存在したことを予想せしめるものといえましょう。

帰国ののち―書簡にみる生涯の断面―

大師の『書簡』について

弘法大師空海は『文鏡秘府論』南巻で、「文章は興に乗じて、便ち作れ」と教え、もし「興なくんば睡るに任《まか》せよ。睡れば大いに神を養う」「強いて起きるべからず。強いて起きるときは惽迷して覧るところ益なし」と記されています。

文を草する場合、大師は、常にカードもしくは携帯ノートを作成しておいて、それによって執筆することもすすめておられます。たとえば「およそ詩を作るの人は、みな自ら古今の詩語の精妙の処を抄《うつ》し、名づけて随身の巻子《かんす》となし、以て苦思を防ぐ。文を作るに興もし来たらざれば、すなわち須《すべから》く随身の巻子を看て、以て興を発すべきなり」としるされています。しかし、その準備さえないわたしは、まさしく「強いて起き」て、むしろ、強いて起こされて「惽迷」するのみです。

さて、弘法大師の生涯あるいはその思想を究明する資料の一つに、書簡があります。推敲を重ねてなった著述とか、上表文、あるいは願文の類とは異なって、書簡には、その折々の意向、感情なども率直に言い表わされている場合が多く、したがって、われわれは、一般に書簡を通じて、その人の人柄とか性格などを窺い知ることもできるのです。また、その行跡なども書簡から知られることがあります。さきに、わたしは、伝教・弘法両大師の間で交わされた書信にもとづいて、両者の交友に関する一文を草したことがありました（『高野山大学論叢』第三巻）。ここでは、書簡を通じてみた大師の生涯の一断面を紹介してみようと思います。

その前に、弘法大師の書簡について、簡単に触れておきましょう。弘法大師の書簡を集めたものに、『高野雑筆集』上・下二巻（『弘法大師全集』第三輯所収）のあることは周く知られています。これはまた、一名「高野往来集」、あるいは「拾遺性霊集」とも呼ばれていますが、そこには総計七十四首が収められています。しかし、七十四首の中には真済などの弟子に帰せられるものが数首あり、他に勅命、勅答なども含まれています。なかんずく、「老兄忠」より「内供奉海禅伯弟」に宛てたものと、「南嶽沙門真泰」より「北山次座主真闍梨」に宛てた書信が、『高野雑筆集』の中に収められているのは、あるいは大師の代筆になるものと考えられてのことでしょうか。前者は、あるいは永忠より大師に宛てられたものとも推定せられます。

さて、『雑筆集』所収の中の十首は、『性霊集』にあるものと一致していますが、しかし、たとえば高雄山の三綱を択任する書のごとく、両者の間で多少の異なりをみせている場合もあります。同じく、大師の書簡を集めたものに『発揮拾遺篇』一巻がありますが、これは『高野雑筆集』にすべて収められているものです。もともと、これは石山寺の淳祐が大師の書簡を広く探索して筆写したものの中から、同じく石山寺の尊賢が三十三首を選出して、それに簡単な注をつけたものです。したがって、大師の書簡集に対する研究としては、これが唯一のものです。しかしその注は、研究というにはほど遠いもので、資するところが殆どありません。

さらに、『高野雑筆集』に記載せられていないもので、『経国集』、『本朝文粋』、『東宝記』などの諸文献から採録して、新しく編次したものに、『拾遺雑筆』(『弘法大師全集』第三輯所収)があります。ここには、全部で三十首が出されていますが、このうち、書簡は、いわゆる「風信帖」などの三首のみです。これは『弘法大師全集』の編者、長谷宝秀師によってなされたものです。他に、槙尾山施福寺には、大師の書状と伝えられるものの臨模本が蔵されていますが、この書状については、さきに「ヴァーダ」誌第十二号において触れておきました。

さて、これら七十首に及ぶ大師の残翰のうち、年月日の明記されているものは僅かに七首にすぎません。しかも、その七首のうち、五首は上表文です。つまり、大師の書簡の殆どは、その年代が不明であり、宛人を欠くものもまた多いということです。筆者自身、書簡の内容を検討することによって、その約半数の年代は、ほぼこれを推定することができたのですが、しかし、なお三十首は年代を審らかにしないままであります。

伝教大師最澄との交渉

書簡を通じて弘法大師の生涯をみた場合、大略十年を一区切りとしてカーブを描いているように思えます。すなわち、大師は四十歳と五十歳に近い頃、および六十歳前後、少なくともこの三回にわたって、身心の不調におちいっているように見うけられるのです。

まず、知られる限りにおける最初の乖和は、弘仁三年（八一二）の夏から秋にかけての頃でした。その頃、大師は乙訓寺に止住していたのですが、入唐留学以来、八年を経て、蓄積せる疲労が表に出たのでしょうか。帰朝後、新将来の密教宣揚に意欲をもやしたものの、しかし、すべてが必ずしも意のままには進捗しなかったと思われます。この年、すなわち弘仁三年の八月には、ともに入唐せる伝教大師最澄と相ともに天台・真言両宗の提携を計り（『伝教大師消息』9）、また九月には、室山の某師を加えた新進の徒の間で、旧仏教の間にあって、新仏教の処すべき道について協議することを提案しています（風信帖）。具体的にどのような協議がなされたかは知り得べくもありませんが、十月二十七日に、伝教大師が奈良からの帰途、その弟子光定とともに、乙訓寺に立ち寄ったのも、このような一連の動向と関係があるように思われます。伝教大師は、このとき乙訓寺で一泊し、つぶさに両部のマンダラなどを披見することができたのですが、弘法大師より真言受法の確約を得たのも、この時であった（『伝教大師消息』30、『一心戒文』）のです。もとより、これ以前においても、伝教大師に懇請されてはいましたが、遂にその機を得ないままになっていたのです。漸くにして念願のかなった伝教大師は、すでに比叡山を離れて近江の高島にいた泰範に宛てて、ともに受法することをすすめる消息を送っていますが、この中に、乙訓寺での対面の折の弘法大師の言葉がそのまま直接法の形で書きしるされています。すなわち、

「空海、生年四十、期命尽くべし。是を以て、仏を念ぜんがための故に、此の山寺に住せん。東西することを欲せず。宜しく、持する所の真言の法、最澄闍梨に付属すべし。惟うに、早速に今年の内に付法を受取せよ、云云」（『伝教大師消息』30）。

弘法大師自身、「期命尽くべし」と言っているのは、この時、もはや余命いくばくもなしと感じていたことを示しています。もっとも当時における最初の算賀の歳を目前にしていた大師が、自らの生涯の節目をこのように表現したとみることができるかもしれません。しかし、この年の十一月十九日付で、伝教大師は藤原冬嗣に宛てて灌頂の資具を乞う書状を送っていますが、その中でも、「空海、今、無常を告げて高雄に隠居す」（『弘法大師全集』第五）と書かれているところからしても、この頃のわが大師の状態をうかがい知ることができましょう。この頃すでに「無常」という語が死を意味するものとして使われていたことが知られています。

大師が新将来の密教の伝授とその宣揚を勅許せられたのは、おそらく弘仁の初年頃であったと思われます（『高野雑筆』31）。爾来二か年を経たこの頃、すでに実恵、杲隣、智泉など、数名の弟子はいたでありましょう。しかしいずれもまったく無名の青年僧にすぎず、伝法の確信もなお得られないままであったと思われます。余命いくばくもなく、真言の伝灯に対して不安と焦躁の念を抱く大師の脳裏には、その師、恵果和尚との出会いのことが想い起こされたに違いありません。恵果和尚から大師への真言付法は、その師主の晩年、約半年の間に、あわただしく行なわれました。このときの和尚は、「如今《いま》、此のくにの縁尽きぬ。久しく住すること能わず。……汝が来れるを見て、命の足らざるを恐れぬ」（『御請来目録』）という状態でした。それにもかかわらず、師資の懸命なる精進努力によって、真言密教の大法授受は完成をみたのです。

まさしく、その師主と同じような状態にあるとき、「早く郷国に帰って、以て国家に奉り、天下に流布して蒼生の福を増せ」（右同）との師主の言葉が、大師の心を決せしめたのであろうと思われます。ここにおいて、すでに大同四年（八〇九）以来、きわめて熱心に真言の法を求めつづけてきた伝教大師に対して、持するところの法をすべて付嘱しようと決意したのであります。まったくの推測ですが、もしこの付法が、如法に行なわれ、完成したであろうならば、おそらく大師は、実恵などの弟子らも、すべて、伝教大師に付嘱しようと考えていたのではなかったでしょうか。

しかしながら、この時の付法の口約は、弘仁三年の暮、高雄山における大悲胎蔵と金剛界との、両度にわたる持明灌頂のみにとどまりました。かくて、伝教大師は比叡山においてなすべきことが山積し、暫く学筵を辞せざるを得なくなった旨の書簡（『伝教大師消息』2）を高雄に送り、円澄、泰範、賢栄、光定などの同法あるいは高弟を自分の代りに弘法大師のもとに派遣して、真言の受法学習にあたらせたのです。しかし、このことは、さきに交わされた付法の口約の不実、弘法大師の冷厳な言葉が、その因をなしているといえないこともありません。この間の事情は、円澄が天長八年（八三一）九月二十五日付で提出した「真言教を受学せんことを懇請する書」によって、うかがい知ることができます。すなわち、

「其の年（弘仁三年）十二月十五日を以て、灌頂道場を開いて、百余の弟子とともに持明灌頂の誓水に沐し、十八道の真言を学す。梵字真言の受学稍々難し。即ち和尚（弘法大

師）に問うて云く、『大法儀軌を受けんこと、幾月にか得せしめん。』答えて曰く、『三年にして功を畢えん。』歎じて曰く、『もと一夏を期す。若し数年を経べくば、暫く本居（比叡山）に帰り、且つ本宗の事を遂げて、後日来り学ばんにはしかず。』即ち、四年正月を以て、真言を受学せしめんがために、円澄、泰範、賢栄等を以て、大阿闍梨に属し奉り畢んぬ。」（『弘法大師全集』第五）

右の書状より知られるように、語学の、特に梵語の素養に欠けるところのあった伝教大師ら叡山の徒らにとっては、真言の付法なかんずく十八道の真言と印契の受法は困難を極めたようであります。付法確約の歓びは、やがて焦りと変わり、遂に、「大法儀軌を受けんこと幾月にか得せしめん」との不安の督促を発することにもなるのです。これに対するわが大師の解答は、「三年にして功を畢えん」という予想だもしなかったきわめて峻厳なるものでした。この言葉からは、もはや、「期命尽くべし」といった状態はまったく感じとることができません。「早速に、今年の内に付法を受取せよ」との確約を得た伝教大師にしてみれば、数か月で受法は完成するであろうと考えていたとしても、決して不当なことではありません。弘法大師の場合とても恵果から三か月で両部の大法を完全に受法しおわっていることを、伝教大師は早くに写し取って手許に備えていた『請来目録』から知っていたからです。しかし、なおも三年を要すると言われ、冷たく突き離された伝教大師にとって、真言付法に対する希望はやがて失望にと変わり、暫く本拠に帰って天台のことに専心する決意を起こさせたのです。このときの暫くの別れが、実は再び会うことのない両者の袂別の第一歩となったのです。しかも、伝教大師が、これ以後、苦難の道をたどっていったのに対し、弘法大師は、華やかな跳躍へと向かうのでした。

この弘法大師の上昇気運も、やがて十年の後には、再び下降することになります。それは弘仁十二年（八二一）の十一月のことでした。この時、弘法大師は右大臣の藤原冬嗣に書簡を寄せ、二、三の弟子を冬嗣・緒嗣両相国に付嘱し、自らのすべての公職を辞して独り山中に籠ることを願っているのです。しかも注目すべきことは、この書中で「ああ、俗に在って道を障ぐること、妻子もっとも甚し。道家の重累は弟子、是れ魔なり。弟子の愛を絶って、国家の粒を却けんにはしかず。」（『高野雑筆』31）と述べていることです。「貧道、如今、生年知命に近く、二毛已に颯然たり。生願已に満ちて、伝うべきこと、また了る。少年の成立を待たんと欲すれども、還って風燭の速やかに及ばんことを恐る」（右同）ということからみれば、五十歳に近い頃、再び身体の乖膳におちいっていることを知ります。しかし、この時は、実恵、泰範、杲隣、智泉など漸く大法を得て、すでに伝法の宿願を果たし、伝授も完了して、十年前のごとき不安感はまったく認められません。しかし、それにしても、「出家求道者の重きわずらいは弟子にして、迷惑のもといとなる」と言っていることは、どういうことでしょうか。智泉がための達嚫文にみられるごとき、弟子に対するあつき思いと、右の文とは一見矛盾するように思えます。「物の興廃は必ず人に由る。人の昇沈は定めて道に在り」（『性霊集』第十）とする教育理念と、それはどのようにかかわりあうのでしょうか。われわれは、このような多くの問題を、他の書簡の中にも数多く見出すことができるのです。

思索の軌跡—弘法大師空海の著作—

弘法大師空海に帰せられるすべての著作は、『弘法大師全集』全七輯（増補三版、高野山大学密教文化研究所刊）に収められています。この全集では、大師の多面にわたる全著作が、その内容から、相承部、教相部、事相部、悉曇《しったん》部、遺訓部、文学部、雑部、神道部などに類別してあります。そして、そこに収められている著作の数は大小あわせて、二百二十余りにも達していますが、もとより、そのすべてが大師自身の真作というわけではありません。疑わしいものも数多く含まれています。明らかに偽書とみられるものは、第四輯と第五輯とにまとめられていますから、それなりの見当はつきます。しかし、真作と目されるものの中にも、問題がまったくないわけではありません。たとえば『性霊集補闕鈔』のなかには、大師の真作でないものがいくつか含まれているようです。

これらのうち、確実に大師の著作とみなされ、しかも弘法大師の思想を知るうえに、重要と思われるものを掲げると、次のごときものがあります。

〔相承部〕秘密漫荼羅教付法伝二巻、真言付法伝一巻、御請来目録一巻、真言宗所学経律論目録一巻。

〔教相部〕秘密漫荼羅十住心論十巻、秘蔵宝鑰三巻、弁顕密二教論二巻、即身成仏義一巻、声字実相義一巻、吽字義一巻、般若心経秘鍵一巻、大日経開題をはじめとする諸種の経典開題類。

〔事相部〕三昧耶戒序一巻。

〔悉曇部〕梵字悉曇字母幷釈義一巻。

〔遺訓部〕遺誡（弘仁四年）。

〔文学部〕文鏡秘府論六巻、文筆眼心抄一巻、聾瞽指帰一巻、三教指帰三巻、篆隷万象名義三十巻、遍照発揮性霊集十巻、高野雑筆集二巻。


これによっても、大師の文筆活動は、単に密教教義に関するものだけでなく、広く文学、語学の面にまでもわたっていることがわかります。そうはいっても、大師は単なる書斎の人ではありません。知恵とともに禅定を重んずる実践の人であり、活動の人であったのです。その活動も、詩作、マンダラの図絵、書道などの芸術的分野から、満濃池の修築にみられるような社会的事業、綜藝種智院の理想的な教育事業にまで及ぶ幅広いものでありました。

実に大師は万能の創造的天才でありました。このような多岐にわたる活動は、確かに大師の才能が非凡であったことを示しています。しかし、それは才気にまかせて、無秩序に行なわれたものでは決してありません。大師には、その八面六臂の活動をつらぬく原理があったと思われます。その原理こそ、まさしく密教のそれであり、マンダラの精神であったといえます。この精神は、以下に述べる主要な著作の解説の中で、おのずと明らかにされるでありましょう。

大師の密教論書は、羽毛田義人氏も指摘したように、二つの大きな意図でつらぬかれています。一つは真言密教の優位性の主張であり、一つは真言密教のもつ真理性の論証です。教理に関するすべての著作は、この二つの意図が経緯となっています。そしてこの傾向は、入唐留学をおえて、帰国早々に著わした『御請来目録』以来、ずっと一貫してみられるものです。

密教は、確かにいろんな意味で、一般仏教とは違うものをもっています。歴史的にみても、もっとも新しい成立であり、在来の仏教の思考パラダイムを大きく、しかもたくましく踏み出しているのです。偉大なる展開といってもよいでしょう。その偉大性、卓越性を力強く主張したのが、『弁顕密二教論』であります。卓越性の根拠を、換言すれば、密教思想の中核をなす即身成仏の真理性を論証したのが、『即身成仏義』であるといえましょう。

密教に対して、在来の仏教一般を大師は顕教と呼んでいます。顕教とは歴史的ブッダ釈尊が、人の素質能力に応じて、顕わに説いた真理指向の教えを意味します。それに対して密教は真理そのものを、宇宙の存在エネルギー、あるいは全宇宙的生命ともいうべき法身大日如来が、如実に説ける真実の世界を示すものというのです。だから当然、密教と顕教との間には、おのずから根本的な相違があるとするのです。しかし、そうはいっても、この両者の間に断絶はないのです。一を取って一を捨てる排他の立場をとることはありません。なぜなら、どのような思想も宗教も、すべて古賢聖哲の教説なのであって、それぞれに相対的価値をもち、それなりの存在理由を有するからです。これらのすべてを自身の内容の一部としながらも、さらに高次元の宗教的世界を開示し、その真実の世界への帰入を説くのが密教だとします。この原理を示したものが、『十住心論』であり、『秘蔵宝鑰』なのです。

以下、重要と思われるいくつかの著作について、その内容を概説し、密教の特質、大師の宗教を理解する手がかりとしたいと思います。なお、この解説を草するに当たっては、一々指摘しませんでしたが、多くの先学、わけても加地哲定、勝又俊教、小西甚一、河本敦夫、玉城康四郎、栂尾祥雲、中野義照、羽毛田義人、宮坂宥勝、渡辺照宏、井筒俊彦の諸先生の論考に、その多くを負っています。特に記して謝意を表する次第です。

○三教指帰《さんごうしいき》　三巻

延暦十六年（七九七）十二月、弘法大師空海二十四歳のときの処女作です。この書の別本に『聾瞽指帰』一巻があり、真筆と伝えられる原本が高野山に残っています。この両書は、序文と結びの詩を除いて、他の本文の部分はほとんど同じでありますが、重大な改訂もみられるとする学者もいます。多分、後に序文を書き改め、末尾に新たな十韻の詩を加えて、『三教指帰』と改題されたと思われます。

当初の聾瞽指帰という標題が示すように、本書は真実の世界をまるっきり見聞きしようともしない放埓な生活にあけくれる非行青年、蛭牙《しつが》に対する訓誡を骨子に、当時の三大思想、儒教、道教、仏教の相対的な価値批判を行なっています。だから、本書はわが国最古の比較思想論だともいわれています。

　しかし、これは単なる思想批判の書ではありません。十八歳で都の大学に学んだ若き日の大師は、その非凡な才能から、官吏としても、また学者としても、輝かしい将来を約束されていたかにみえ、親類縁者も、そのことを期待していました。しかし、深く人生の意義をきわめようとするには、儒教主義にもとづく官吏養成を目指す大学での教育は、大師の意をみたすものではなかったのです。このようなとき、ひとりの沙門との出会いが、大師の生涯を決定づけました。やがて、仏教への傾倒がはじまります。そこには生きた思想がありました。しかし、出家の決意は忠孝の徳に反するものと、親族師友から激しく非難されたのです。それにもかかわらず、むしろ出家求法の道を歩むことこそ、大忠大孝にかなうとの確信をいだくにいたるのです。この自己の内なる発奮のこころを披瀝することが、この書を著わすに至った動機でありました。いわばこれは、若き日の求道の書であり、夢多き青春との訣別の書でもあります。登場人物のひとりで、仏教の代弁者たる仮名乞児《かめいこつじ》は、大師自身がモデルなのだともいわれます。

　文学的にみた場合、物語の展開はきわめてドラマチックです。対話を中心とした戯曲風な形式、すぐれた人物描写、儒・道二教と仏教とのコントラストを意識した対照的な表現など、筆致は精巧をきわめ、華やかな四六駢儷体《べんれいたい》で書かれています。その意味では、現存最古の私小説ともいえましょう。事実、この書の述作に文学的意図も含まれていたことは、『聾瞽指帰』の序文から明らかです。

　思想的にみれば、比較思想論としての形式をとりながら、その実、三教調和を主張するものでもあるのです。ただ有限の倫理的世界を説く儒教よりも、永遠性をもとめる思想、世の無常を自覚した超世間の学たる道教に一層深い宗教的な世界を認めていることに注目すべきです。

さらに留意すべきことがあります。それは、三教それぞれに相対的価値の浅深を認めながら、いずれも人の素質、類別に相応した聖者の教えとする点です。この批判精神は晩年の大作『秘蔵宝鑰』に至るまで、一貫してみられるもので、この思考態度はまた、一定の教義やイデオロギーに偏することなく、三教の特質をあまねく発揮しうる総合教育を提唱し、かつ実行した『綜藝種智院式幷序』（『性霊集』巻十所収）の理念につながるものでもあるのです。

○御請来目録《ごしょうらいもくろく》　一巻

求道遍歴の大師は、密教の基本経典『大日経』と邂逅します。それは大和の久米寺においてであったと伝説はいっています。いずれにしても、そこに、久しく求めてやまなかった大いなる遍き光を見出したのでした。ここには、世界の真実相を解き明かす鍵があると思えました。それをさらに深く追求し、実証するには、どうしても唐土に師を求めるほかなかったのです。長安での恵果和尚との出会いは、大師の生涯をいよいよ決定的なものとしました。『大日経』や『金剛頂経』から得た直観は師主の導きによって実証されたのです。インド伝来の正純密教は師から弟子へと体系的組織的に相承されたのです。あたかも、それは瓶から瓶へと水を移すがごとくであったと記されています。

帰国後、朝廷にたてまつった留学成果の報告書が、この『御請来目録』です。大同元年（八〇六）の初冬、大師三十三歳のときでした。この目録は新しくもち帰った経軌、マンダラ類の具体的な内容を知るうえで貴重な資料でありますが、しかし、それ以上に、いくつかの重要な意味あいをもっています。そこでは密教の本質が明示され、その教えを宣揚して、社会の安寧と大衆の真の福祉を増大しようとの悲願がこめられてもいる点で、注目すべきものです。

まず、歴史的なブッダが説いた顕教と、ブッダをブッダたらしめ、世界を世界たらしめている根源の真理そのものが示される密教との優劣を明かします。密教の阿闍梨、すなわち師匠はまさしく、その真理の具現者でなければなりません。法灯はこの阿闍梨によって、正しく伝えられるのです。この目録では、みずから受法してきた密教が正嫡であることを、象徴的な表現をまじえて強調して、密教の優位性と伝統の正当であることの主張がみられます。ここに、『弁顕密二教論』および二部の『付法伝』が成立する素地を見出すことができます。

ついで「密教は諸仏の肝心、成仏の径路」たることを述べます。「心を顕教に遊ばしめれば、悟りに無限の時間を要する。しかるに、身を密教にたもつ者は速やかに仏となりうる」旨を説きます。この思弁は、やがて『即身成仏義』で論証せられ、世に問われることになります。また、ここで「真言は幽邃《ゆうすい》にして、字字義深し」とも述べますが、この世界観は『声字実相義』や『吽字義』で一層深められるのです。

「一切はすべて平等一味である。ただ、この教えは人びとの素質能力にしたがって浅深の区別がある」とするのは、『三教指帰』以来、一貫してみられる精神です。この精神は、それぞれの思想体系や、異なった宗教に相対的な価値を認め、その源底には深い密意が秘められているとする立場に、当然帰結します。このような見解は『般若心経秘鍵』および諸種の開題類、あるいは『十住心論』『秘蔵宝鑰』などにおいて、結実しているのです。

このようにみてくれば、大師の全著作にみられる二つの意図、すなわち密教の優位性と真理性の主張が、帰国第一声のこの目録の中に、すでにすべて認められます。換言すれば、この目録でみられる主張が、それぞれの著作および宗教的な活動によって論証せられ、大師の生涯を形成していった思索の軌跡を内包しているともいえます。いわばこの『御請来目録』は、密教の伝統継承とその独創的展開への一階梯を示しているといえましょう。

○遺誡《ゆいかい》

密教の正嫡たる自負と、密教宣揚の悲願にもかかわらず、四囲の情勢はきわめて厳しいものがありました。帰国後十年余りは、すでに何度か述べたように弘法流布も意のままには進まなかったようです。この間の事情は、大師自身の書簡あるいは弟子実恵の書状からもうかがうことができます。しかし、きわめて熱心に密教を求める人もありました。そのひとりは伝教大師最澄でした。弘仁三年（八一二）の暮、高雄山で密教伝承の秘儀である灌頂を行なったのも、伝教大師の強い要請によるものでした。この灌頂の半年後、弘仁四年五月の末に書かれたのが、いわゆる弘仁の『遺誡』です。

この遺誡は全文わずか四四三字にすぎません。しかし、これは大師が実質的にはじめて真言の特質を言明したものとして、重要な意義をもちます。遺誡というより、むしろ教誡です。ここに至って、『御請来目録』での主張はさらに一層明確となり、具体化してまいります。しかも、すでに弘法大師空海の教学は、理論的にも実践的にも、殆どその大綱を整えてしまっているかにみえます。だから、この遺誡をこの時期における大師の作ではないとみる学者もいます。しかし必ずしも万人を納得せしめるには至っていません。その遺誡の内容は、およそ次の七つにまとめられましょう。

㈠出家の意義は何よりも仏果《さとり》を期することにある。㈡仏の世界の実現、すなわち悟りへの道はまず戒の遵守に始まる。密教の戒はもとより、一般仏教の戒も、ともに二つながら堅固にたもたなければならぬ。戒の精神の真髄は悟りの心に目覚め、その心をおこすことにある。これこそ、まさしく密教の戒である。㈢密教の戒の堅持は、とりもなおさず自己と衆生と仏とが本来的には差別なく、絶対平等であることを自覚せしめる。すなわち、真実究極の世界を自覚し、実現することに導く。この自覚と実現とが最上の仏道、すなわち即身成仏の径路なのである。㈣それゆえにこそ、密教に優位性があるのであり、しかも密教の原理による全仏教の融和統摂の可能性がある。㈤悟りへの道と融和の道とは、ただ阿闍梨によってのみ、正しく教導される。師は真理そのものの具現者であり、絶対である。だから、師資の道は父子の関係より一層あい近いものでなければならぬ。㈥本尊の三摩地《さんまじ》、すなわち密教独自の不二一体観の瞑想によってのみ、悟りの世界が自己に実現し、仏の世界はまさしく自己の当体にほかならないことが主体的に直観できる。㈦自己と衆生と仏との三心平等の自覚は、あらゆる修行を単に自身のためばかりでなく、あまねく他を利するために行ぜしめることになる。

四恩の救済、すなわち生きとし生けるもの、ありとあらゆるものを、ともに救済してやまぬ報謝の立場が強調されるのは、けだし当然でありましょう。ここに、宗教生活と社会活動とが即一のものとして直結する論理があるのです。

○三昧耶戒序《さんまやかいじょ》

さきにみた密教独自の戒の精神を、真言行者の指針として説いたのが『三昧耶戒序』です。ここでは、後に述べる十住心の思想が明確な形で説かれています。

顕教の倫理は十善戒に帰一せしめられます。この十善の行為は、三昧耶戒の精神によって、四恩の報謝となります。

三昧耶とは平等を意味し、これは前述の三心平等を悟る心を本質とするものです。したがって、また菩提心戒とも呼ばれます。『三昧耶戒序』では、この心を四種に分けて説きます。信心、大悲心、勝義心、大菩提心です。この信心には十種の意義をたてますが、いかなる宗教といえども、信が基調となることはいうまでもありません。大悲の心とは、世界の成り立ちを達観し、四海みな同朋の理を悟って、あらゆるもののために、仏の智慧を聖なる愛として自由に発揮することであります。別名、行願の心ともいわれます。勝義の心とは、深遠な宗教的叡智といったらよいでしょう。根本的な救済の実をあげるには、いずれがまことの教えであるかを見きわめることが必要です。それは真実の世界を体得することをも意味します。そのために、菩提（悟り）の心をおこし、菩提の行を実践しなければなりません。

悟りを求める心は、求められるべき清浄な悟りの心と別のものではないのです。如実に自心を知り、この四種の心を戒として他の衆生を利すること、これこそ密教の戒なのだとするのです。これはまさしく、知行即一の教えです。自覚と実践とが一体なのです。

この書は単なる倫理の道を示すにとどまらず、人間の真実のすがたの自覚にもとづく純粋に宗教的な戒の精髄を説いたものといえましょう。実際に、この三昧耶戒を行者に授けるときの作法を説いたものが、『秘密三昧耶仏戒儀』一巻といわれますが、大師の真作でないとする説もあるようです。

○弁顕密二教論《べんけんみつにきょうろん》　二巻

弘仁六年（八一五）ごろの作で、単独の密教論としては最も早いものです。巻頭にある次の文章が、本書の根本命題であるといえましょう。

「それ仏に三身あり、教はすなわち二種なり。応化の開説を名づけて顕教という。ことば顕略にして、機にかなえり。法仏の談話《だんかい》、これを密蔵という。ことば秘奥にして、実説なり。」

帰国後、ますます確信を深めた密教の優位性を、大略五つの観点から論証したものであり、対論の形式によって、六つの経典と三つの論書を、その主要な典拠としています。顕教と密教との優劣を論ずる五つの視点とは、㈠教主の相違、㈡教旨の質的な相違、㈢宗教的人格完成の遅速の相違、㈣その教えの有効性の勝劣の相違、㈤実践方法の相違です。中でも、第一の観点は当時の仏教界にあっては、まさに青天の霹靂にも似た一大事であったと思われます。仏教と呼ばれるかぎり、その教旨がいかに多岐にわたっていようとも、すべて仏陀世尊の説いたものと信じられていたのです。ところで、密教は歴史的ブッダ釈尊の説法ではなく、法身大日如来そのものの語ることばとするのです。多くの物議をかもしたことは、当然予想されましょう。事実、本書においては、この教主の相違についてもっとも多く論ぜられています。

すでに古くから、偉大な人格釈尊に対して、さまざまな思弁が加えられてきました。ついには、その人格と悟りの内容が絶対化され、一体視されて、ブッダをブッダたらしめる永遠不滅の真理そのものが、仏格化されたのです。それを法身と呼びます。歴史的なブッダ釈尊は、この永遠の理法を、人びとの素質能力に応じて説くために顕われたものとみて、これを応化仏《おうけぶつ》と呼びました。顕教の教えは、すべてこの応化仏のことばであるかぎり、一面的相対的な世界を示しているにすぎないとみます。ことばの機能にはかぎりがあり、しかも、そのことばで、人の素質能力に応じて説かれているからです。したがって、それは究極的な世界を指向してはいても、ことばと思惟の領域を超えた直接体験の悟りの世界を説き得ません。

他方、歴史の中にあって歴史を超え、有限の世界にあって、しかも無限の世界をつらぬく絶対者大日如来が、みずからのために、内に秘めたる悟りの世界、永遠の真理そのものを表現したもの、それが密教なのだとするのです。この表現は、もちろん、日常経験的なことばによるものではありません。如来の秘密語、まことのコトバ、すなわち真言によるのです。われわれは、この真言、あるいは象徴的なマンダラによって、真実の悟りの世界を自己の本性の中に直観することができるのです。これが即身成仏であります。表現するものと表現されるものとが、区別なく合一している世界といえましょう。

○般若心経秘鍵《はんにゃしんぎょうひけん》　一巻

弘法大師は顕密二教の相違を厳然と主張しました。しかし、それは決して排他主義ではありません。一を取って一を捨てるというのではなく、それぞれの体系に相対的な価値を認め、独立存在の必然性とその意義を認めています。一般仏教と密教とが全く断絶した異質のものだとすれば、それは仏教としての密教の普遍性を、みずから否定することにもなりましょう。

応化仏たる釈尊は、絶対者としての法身大日如来の一顕現とするのが、密教の立場です。そうだとすれば、釈尊の教えの中にも、当然、密教の要素が秘められているはずです。そのことをもっとも端的に論ずるのが、この『般若心経秘鍵』一巻です。弘仁九年（八一八）とも、あるいは晩年の承和元年（八三四）の作ともいわれています。

『般若心経』は一群の般若経類の中でも、成立も比較的遅く、しかも僅かに十数行ほどの簡潔なものです。しかし、『心経』という標題が示すように、これは般若思想のエッセンスです。般若思想の基調は、宗教的世界と現実世界とが区別なき一体のものとみることにあります。その自覚は、ことばによってではなく、神秘的瞑想によるのです。

この『秘鍵』は、『般若心経』の本文を五分して、密教の立場から、独創的に解釈したものです。チベット語の資料の中に、この解釈と類似したものが見出されるといいますが、直接の関係は実証されません。わけても、本文の第二段をさらに五分して、順次、華厳、三論、法相、声聞・縁覚の二乗、天台の教旨に配当するがごときは、大師特有の解釈です。そして、『般若心経』全体の内容は、経の末尾に掲げられているサンスクリットの真言に帰結するといえましょう。この真言の中に、思惟を超えた絶対者の内なる悟りの世界、宗教的な世界が如実に示されているとするのです。

大師の真意は、この『秘鍵』の序文にある次の文章に、よくあらわれています。「それ仏法遥かにあらず、心中にしてすなわち近し。真如外にあらず、身を棄てていずくにか求めん。迷悟われにあれば、発心すれば、すなわち到る。明暗他にあらざれば、信修すればたちまちに証す。」

これが唐の明曠による『般若心経疏』の中の文であることはよく知られていることですが、しかし、それにもまして注目したいのは、顕教と密教との区別を、ことばではなく、人の主体性にかかわるものとみている点です。「顕密は人にあり、声字はすなわち非なり」とするのが、それです。また「医王の目には、途に触れてみな薬なり。解宝の人は礦石を宝とみる。知ると知らざると、たれが罪過ぞ」ともいいます。たとえこの『般若心経』が顕教の経典であるとしても、秘密の目からすれば、そこに深妙な密教の秘説を洞察することができる。そこに秘められている密意を知るか否かは、その人の宗教的自覚の浅深にあるというのです。

このように、顕教の中にもなお密意を見出そうとする立場は、『法華経』『金剛般若経』などに対する諸種の開題類の中に、多くあらわれています。

○即身成仏義《そくしんじょうぶつぎ》　一巻

顕教と密教とが相違するのは、一つには成仏、すなわち宗教的人格の完成の遅速にあるとされました。すべての仏教が目指す究極の目的は、成仏にあります。在来の仏教は、一般に三大劫という無限の歳月をついやし、無窮の修行をつんで、はじめて成仏できると説くのです。天台や華厳の教えは、思想としては凡聖不二を説きます。しかし、大師の目からみれば、その実現方法をいまだ明らかに示さず、単なる哲学の領域にとどまるものにすぎなかったのです。そこで、父母所生のこの身のままで、現世において速やかに成仏することの可能性と真実性とを説きました。それが『即身成仏義』一巻であります。

もとより、即身成仏の思想と実践とは、インド以来の、密教の基本的な立場です。しかし、本書は、六大・四曼・三密の思想を骨子とする独創的思索による即身の哲学の体系化です。ほぼ弘仁十年（八一九）ごろの作とみてよいでしょう。

即身成仏の原理は、初めの部分に掲げられている二つの偈頌につくされているといってよいでしょう。

「六大無㝵《むげ》にして、常に瑜伽《ゆが》なり。四種曼荼《まんだ》、おのおの離れず。三密加持《かじ》すれば、速疾に顕わる。重重帝網《たいもう》なるを、即身と名づく。

法然に薩般若《さつはんにゃ》を具足して、心数《しんず》心王《しんのう》、刹塵にすぎたり。おのおの五智無際智を具す。円鏡力のゆえに、実覚知なり。」

六大とは、地水火風空識をいいます。物象、空間、時間、意識の物心両面にわたるすべての根源的存在構成要素によって法身の徳を象徴的に表現するものです。存在のさまざまな現象は、仏の世界、真実の世界に相即し、円融しているのです。その在り方が瑜伽（ヨーガ）といわれます。瑜伽はまた、広義の禅定といいかえてもよい。だから、真実の世界は、玉城康四郎氏の表現をかりれば、大禅定の境位にあるということになります。したがって、その自覚は瑜伽、すなわち瞑想の主体的体験によってのみ可能となるのです。

即身とは、「仏の世界は存在の世界そのものであり、それこそまさしく自己の当体にほかならない」ことをいいます。即身の「身」は当体をあらわします。多種多様に認識され、一見秩序なき存在とみられる個々の現象も、実はすべて宇宙的存在エネルギーたる大日如来の自己顕現にほかならない。存在と認識の根源である実在そのものの顕われとみるのです。その実相が象徴的なマンダラで表現されます。「曼荼」とはマンダラの略語です。マンダラという語自体、本質をそなえているものという意味をもちます。だから、一切の存在と認識がマンダラなのだともいえるのです。この場合の本質とは宇宙の本質、その本源たる絶対者を指しています。この絶対者が法身大日如来なのです。自己の当体がそのまま絶対者として自覚されることが、即身成仏であります。そのための宗教的実践は、前述のように瑜伽をおいて他にはもとめられません。瑜伽は世界の実相の在り方を示しているとともに、その実相を自覚する手段でもあります。真言密教が一名「瑜伽宗」と呼ばれるのも、そのためです。この瞑想によって、絶対者の神秘的なはたらき（三密）と、自己のすべてのはたらき（三業）とが、たがいに感応道交（加持）するところに、仏の世界が顕われるのです。仏の世界は自己の当体にほかならないのですから、本来の自己いわば本源に回帰することともいえましょう。

　このように、世界の基本的な構造を明かして、速やかなる宗教的人格の完成が可能であることを説くのが、本書の趣旨であります。

○声字実相義《しょうじじっそうぎ》　一巻

あらゆる存在はそのまま法身仏の顕われであるとすれば、われわれは感覚的な現象世界の中にすら、絶対者のコトバを聞き得るはずです。換言すれば、あらゆる存在は、真実在を象徴する絶対者のコトバとして表現されているものともいえましょう。このことを主張するのが『声字実相義』一巻であり、『即身成仏義』に続いて著わされました。

　ことばによっては究極の真実世界は説き明かされないとするのが、一般に仏教の考え方です。その場合のことばとは、記号としてのことばであり、文字をいいます。しかし、声字が実相であるといわれる場合の声字は、このようなことばを意味しません。井筒俊彦氏の表現をかりれば、いわば人間の語ることばとは異次元の宇宙的存在エネルギーとしてのコトバなのです。声とは音声であり、音声をともなうコトバと解してもよい。しかし、それは人間が発する音声のみを指しているのではありません。音声は存在を本体とするとされます。その本体の作用が音声なのです。したがって、コトバは単に人間界のみならず、あらゆる世界に、存在のはたらきとして普遍的にそなわっています。つまり、音声として世界に普遍的におこっている文字は、感覚の対象を本体とするものです。だから、見られるもの、聞かれるもの、嗅がれるもの、味わえるもの、触れられるもの、心に思考されるもの、これらことごとくが自然法爾《じねんほうに》の文字といえるのです。

すべての存在は、そのまま仏の世界であるという構造をもっているのです。したがって、すべての声字は、遍在する絶対者大日如来の神秘的なはたらきそのものの顕われであることになります。つまり、すべてはひとしく大日如来のコトバだともいえるのです。だから、声字がそのまま実相なのです。声字がそのまま実相であるということは、逆にいえば、実相は声字によって開示されているということでもあります。その声字は存在の絶対的根源としてのコトバ、すなわち真言であることはいうまでもありません。数多くある真言も、究極的には絶対者のコトバ、大日如来の大禅定の真言、究極的には「阿」字に帰一します。その帰一の原理は、『即身成仏義』に説かれる真実の世界の構造にあるのです。したがって、われわれは、この真実のコトバ、真言によって仏の世界を自己に実現できるのです。このコトバはまた、法マンダラとも呼ばれます。それは声字が絶対者の顕われであり、実在がそのままコトバであることを示しています。

本書で説かれる声字の論考は、単なる言語哲学ではありません。なぜなら、この声字には当然、美術、音楽、文学なども含まれるからです。密教はよく儀礼の宗教といわれます。しかし、荘厳なマンダラの美術も、仏教音楽も、単なる儀礼のためのてだてではないのです。これらはすべて世界の実相を開示する声字なのです。表現するものと表現されるものとは、区別なく合一している。その意味では、本書はまた密教と芸術との関係を解く鍵でもあるといえましょう。

○吽字義《うんじぎ》　一巻

大師の宗教はコトバ（真言）を中核とします。真言宗とか、真言密教と呼ばれるのも、そのためです。『般若心経秘鍵』では、「真言は不思議にして、一字に千理を含む」と説かれています。このことについて、一層詳しく、かつ具体的に論ずるのが、『吽字義』一巻で、本書はもっとも密教書らしい密教書であるといわれてもいます。また大師の著作の中で、これを最大の傑作とみる人もいるほどです。しかし、それだけにもっとも難解な書であることも事実です。

吽とはサンスクリットのhūṃの音写です。サンスクリットのアルファベットは阿（a）に始まり、吽（hūṃ）で終わります。この一字に無数の教えが含まれ、あらゆる経論の趣旨が収められているとします。すなわち、一切はこの一字に帰結するのです。この一字は世界の全存在を表わすとともに、その根源たる全一の真実在、絶対者そのものをも象徴します。

一字の聖音を絶対者の象徴とする思想は、すでにインドの『カータカ・ウパニシャド』に認められます。また、サンスクリットのアルファベットを象徴として、宗教的体験の世界へ直入する方法（字門）も、『大般若経』『華厳経』などにみられます。四十二字門とか五十字門がそれです。しかし、この『吽字義』は密教の基本経典およびその注釈書が説く真言観を基調としていることはいうまでもありません。

まず、吽（hūṃ）の一字を訶《か》（h）、阿《あ》（a）、汙《う》（u）、麼《ま》（m）の四字に分解し、それぞれの字で象徴されるインドの宗教思想および一般仏教の教旨を説きます。しかし、これらはいずれも、一字が、その字義どおりの一義のみを象徴するとみる浅薄な観想にすぎません。また、その象徴によって体得される世界観も否定的消極的なもので、決して実相ではないとみます。かくて、同じ字義を有するこの四字を縦横に展開して、内包されている深秘な実義を開示し、密教の世界観を闡明ならしめます。もとより、その世界観は『即身成仏義』『声字実相義』のそれと基調を同じくしております。

つまり、仏の世界を自己の当体に自覚した目からみれば、自己も仏も衆生も、ともに同じ悟りの世界に住していて、彼此に本質的差別はなく、絶対平等であり、そのことは、ありとあらゆるものについていえるのです。たとえ草木、土塊といえども例外たり得ません。生命ある自然界も、そのまま宇宙をつらぬく永遠の大生命の顕われであり、渾然として一体をなしています。このような密教の自然観は、地球の環境が人類にとっての大きな問題となっている現代においてこそ、今一度注目せられねばなりますまい。

○秘《ひ》蔵《ぞう》宝《ほう》鑰《やく》　三巻

『吽字義』にみられたように、密教はすべての仏教が説く究極的真理を含んでいます。いいかえれば、密教は仏教以外の思想をも含めて、あらゆる仏教の多様な教旨を統一する原理をもっているといえましょう。この多様な世界の統一態を表現したものが、マンダラです。このマンダラの世界、すなわち調和ある統一総合の原理を明かしたのが、『十住心論』十巻、およびこの『秘蔵宝鑰』三巻です。『十住心論』が詳しくは『秘密漫荼羅十住心論』という標題を有するのも、そのためであります。

天長七年（八三〇）に、淳和天皇は各宗に対して、その教義を述べた綱要書の提出を命ぜられました。このとき真言宗の教義をまとめて著わしたのが『秘蔵宝鑰』三巻であり、『十住心論』は、その初稿本であったといわれています。

いずれにしても、この両論は、われわれの心の展開の過程を十の段階に分けて述べる人間自覚の書であるともいわれています。その十段階はそのまま本来の自己に回帰する過程でもあるのです。標題の『秘蔵宝鑰』とは、自己の当体として深く秘められている仏の世界を開顕する鍵を意味しています。

この心の展開の過程が、またそのままに全思想の批判的統一の原理を示し、密教へ帰納してゆく必然性と真実性とを明かしているのです。

第一段階の心は動物的感覚にのみ生き、生死に対してなんら自覚することのない世界です。欲望の追求にのみ汲々としている人の立場をあらわしています。しかし、一面このような感性的な存在も、まさしく即身成仏の前提となり得べきところに、密教の特色があるのです。第二の段階の心は自制自誡の倫理的世界の顕現で、人間性の芽生えです。儒教の立場が、ここに配せられます。この個所で論ぜられる国家観は、『十住心論』にみられる為政者の政治理念とともに注目すべきものです。第三段階の心は宗教を求める心の目覚めであり、永遠の生命を願う心です。道教やバラモン教の立場でもあります。しかし、この永世への憧れは仏教の世界観からすれば、決して究極的なものではありません。

第四段階以下、第九の段階までは、この宗教的な自覚が一層内面的に深められ、密教の世界へと展開してゆく心の過程を説いています。まず第四の心は無我を標榜する仏教の世界観に目覚める段階です。ここではまた、仏教の末法思想が紹介され、仏教と国家の問題、仏教の社会的意義も論ぜられます。第五の心は現実の生存を規制している根本的無知を断ち切った段階です。しかし、これらの心はいまだ自己の悟りにのみかかわっていることで、この二つの段階は、それぞれ声聞と縁覚の二乗、すなわち小乗仏教の立場とされるのです。

単に自己ばかりでなく、われひとともに救おうとする立場が第六の段階であり、大乗仏教の心です。すべての存在に対する実在論的な見方を離れ、一切は心から成り立つとする唯識の思想、法相宗の立場です。第七の段階は空の哲理に徹し、有無の執着を離れた竜樹の立場です。三論宗の教えがこれに当たります。第八の段階は相対の世界を離れ、唯一絶対の真理を自己の心に発見する天台の立場であり、第九の段階は華厳の立場であります。すなわち、真実不変の宇宙の本性とあらゆる現象とはまろやかに融合渉入し、すべての中に仏の世界があることを悟ります。時間的にも空間的にも、多なるものはそのまま一であり、全一なるものが多として顕われているのです。つまり、本体と現象の一体不二の自覚です。

この自覚が究極的な宗教的体験へと導かれたのが、第十段階の心なのです。その心は秘密荘厳心と呼ばれます。宇宙の当体たる大日如来と自己とが一体となる知行即一の真言宗の教えが、これであります。

このように、『秘蔵宝鑰』は心の展開を相続的に体系づけたものです。しかし、これら一々の段階はすべて第十の段階に包摂されるものであり、それぞれ前九の段階は第十の心の一顕現にほかなりません。したがって、この十段階の心の相続は必ずしも直線的、漸進的なものではないのです。十の心は円環的な構造というよりも、むしろ一点に集約される在り方をしているものといった方が、一層適切でありましょう。すなわち、それぞれの心の世界はそのまま仏の世界なのであり、大日如来の顕われであるとするのが、密教の根本的な立場であります。

以上要するに、本書は宗教的体験にもとづいて、人間の精神が至高絶対の境地に至る道程と原理とを示したものであります。それとともに、他面一々の心に当時のあらゆる思想体系を配して、その相対的な価値的位置づけをも行なった思想批判の書でもあるといえましょう。そして、その批判精神は若き日の著作『三教指帰』以来、一貫してみられるものだったのです。

○文鏡秘府《ぶんきょうひふ》論《ろん》　六巻

この初稿本はすでに弘仁七年（八一六）ごろにはできていたであろうと思われます。しかし、現在みられるような体裁を整えたのは、弘仁十年ごろであったとされます。この略論が『文筆眼心抄』一巻であり、序文に弘仁十一年中夏の撰述と明記されています。略論の標題の「文」は韻文をいい、「筆」は散文を指します。したがって『文鏡秘府論』の「文」は筆つまり散文をも含んだ文と解されましょう。つまり、詩文をつくる鏡として多くの典拠を抄録した論書なのです。標題が示すとおり、この『秘府論』には多数の文献が引用紹介されています。その中には、すでに散佚して伝わらないものも少なからず含まれています。

『声字実相義』が宗教的な領域にまで高められた深遠な言語哲学だとすれば、この『文鏡秘府論』は文章論であり、文化論であるといえましょう。前者が絶対者によって驚覚せしめられる秘められた世界を説くのに対し、後者は顕わな文化の世界を説いているともいえるからです。

本書は声譜、調声、八種韻、四声論、十七勢、十四例、六義、十体、八階、六志、二十九種対文、三十種病累、十種疾、論大意、論対属の十五項目を詳細に論じています。しかし、ごく大まかにいえば、音韻論とその運用、詩文の構成原理である対偶法、および詩文の評論となりましょう。中でも、音韻論にもっとも多くの論述がついやされています。

まず、主に沈約の『四声譜』などによりながら、字音の構成する音韻的体系を論じ、字音は字義を離れた音声上の法則で相互に関係していることを明かします。したがって、詩文の作製は当然この体系的な法則にもとづかなければなりません。その正しい用法、誤った運用などが、こまかに例示されています。

こうした文章論の中に、大師の詩文に対する理念や態度を見出すこともできます。大師にとって、詩文は単なる美的世界の追求でもなければ、まして教養の粉飾でもありません。四声そのものが自己を表現するという考えの根底には、声字実相の精神があるのです。

その他『篆隷万象名義《てんれいばんしょうめいぎ》』六帖三十巻は、わが国における字典の嚆矢をなすものです。その様式を『開元文字音義』にならい、おもに顧野王の『玉篇』によりながら、隷書（楷書）と篆書とを対照して、字義を示したものです。全巻の完成をみたのは天長四年（八二七）以後であるといわれていますが、この字典編纂は、あるいは弘法大師が天長五年十二月以前に創設した教育機関「綜藝種智院」での教育と関連をもつものかもしれません。

『性霊集《しょうりょうしゅう》』十巻は弘法大師の詩文集で、編者は弟子の真済です。真済は『性霊集』の序文のなかで、「大師は機会あるごとに、草稿なしに即座に詩文をものされるから、それを直ちに写しとっておかなければ、もはや二度とその詩文を見ることはかなわなかった」といった意味あいのことを述べています。文才にすぐれ、書に秀でた大師であってみれば、あながち誇張文飾とばかりもいえますまい。このうち、巻八以下の三巻はいつのころか散佚してしまいました。後に済暹が再び大師の遺文を集めて『続性霊集補闕鈔』三巻として、巻数のみは旧に復しました。現存の十巻本がそれです。この中には、大師の三十一歳から最晩年の六十一歳に及ぶ三十年にわたる詩文が一一二編収められていますが、済暹によって補われた『補闕鈔』のなかには大師のものでないものも若干含まれています。これらの詩文によって、大師の人生観、社会観、教育観、文芸観などをうかがい知ることができますし、また、大師の内面的な精神生活や、社会的な多彩な活動を知るうえにも、本書は貴重な資料であります。

『高野雑筆集』二巻は大師の書簡集です。しかし、編者も年代も、ともに詳かでありません。ここには総計七十四首の書簡が収められていますが、明らかに大師に帰し得ないものも若干含まれています。この書簡から、われわれは弘法大師の人間性をありありと読みとることができる点で、貴重なものといえます。

Ⅱ　その人間像

書簡にみる弘法大師空海の人間像

弘法大師の書簡

最近は若い人に限らず、一般に日本人はあまり手紙を書かなくなったとよくいわれます。これは、一つには電話が異常に普及して、どんなに遠隔な地であっても、即座に要件が済ませられるということがありましょう。それに何よりも、電話なら文字の上手、下手とか手紙の様式などを気にかけることもないわけです。

しかしそういう理由のほかに、梅棹忠夫さんが、『知的生産の技術』（岩波新書）の中で、現代の日本人が手紙を書かなくなったことに関して、きわめて注目すべき指摘をしています。それによりますと、戦後、とくに形式主義を軽視して、内容を重んじるような風潮が強くなってきた。そのために日本人は形式にこだわることを意識的に避け、形式を否定してしまったから、手紙を書かないのではなくて、むしろ手紙が書けなくなってしまったのだ、というのです。以前は手紙の形式がしっかりと決まっていましたために、その形式さえ覚えこんでしまえば、だれでも自分の述べたいと思う内容を自由に相手に伝えることができたわけです。

ところが、形式をいったん否定してしまいますと、借りものでない独創的な文章で、自らの心情を表現しなくてはならなくなります。しかし、そういうことはだれにでもできることではありません。こういう形式排斥の風潮が、実は心情の吐露を困難にし、かえって内容を貧困ならしめることになってしまったともいえましょう。心というか、内容を重視することはわかりますが、その心が顕われるのは、形をとって初めて可能となります。これは何も手紙だけに限ったことではなく、文化現象全体にわたっていえることではないかと思います。

今日、形式というものがともすれば軽視されがちですが、しかし、日本人の心といいますか、文化といいますか、そういうものを後代に伝えていくためには、どうしても形式によらざるをえないのです。そういう意味では、最近、古い祭りなどが復活してきているということも、やはり無意識ながら、人びとが形式の効用に気づき始めたことの結果ではないかと思うのです。

自らの心を吐露するのは何も手紙に限ったことではありません。弘法大師空海は『文鏡秘府論』の略論ともいわれる『文筆眼心抄』の中で、『詩経』の大序を引用して、「詩」とは「志」なのだ。そして、この「志」とは心にあるものをいう。心にあることが形式つまり「言」をとって外に現われるのが「詩」なのだ、と述べています。心にあるものが「言」に現われるということは、心が中に動いて、つまり感動するところがあって、それがことばをとおして現われ出てくるということです。だから、心情を吐露するというのは形物・対象に対したときの心の感動により、実相が声字となって現われることなのです。

この書物は弘法大師のいわゆる文学論、あるいは文章論ですが、こうした声字実相の考え方は、実は大師の世界観の根底をなすものです。そのことは当然、手紙にもあてはまることで、心情の吐露はやはり「言」によるものであり、その「言」は当然形式をともなうわけです。

したがって、手紙が一定の形式に従って、自らの心情を吐露したものであるとするならば、逆にわれわれはその手紙を見ることにより、その人の思い、心のうちを端的に知ることができるはずです。ときにはまた、その当時の周囲の状況をも的確に把握できることもあります。

ですから、最近の作家とか思想家の全集には、ほとんど必ずといっていいくらいに、その作家なり思想家なりの書簡類が集録されるようになってきました。たしかにわずか一通の手紙でも、その人のすべての著作をもってしても及ばぬほどに、その人の人格なり、あるいは思想の本質といったものをあらわに語ってくれることがありますし、またわずか一本の手紙の発見が、万巻の史料にも劣らぬほどに歴史の一こまを如実に語ってくれるということもあるわけです。

しかしそれにもかかわらず、いったいなぜか弘法大師空海の書簡に対しては、宗団においても学界にあっても従来ほとんど顧慮されることがなかったのであります。しかも、大師の手紙は、上表文などを除いた私的なものだけを見ましても、ほぼ八十通に近いものが今日残っているのです。この数は、いまから一一五〇年以上もむかしの平安初期に属する一個人の手紙としては、けっして少ないほうではないのです。

大師の書簡ということになりますと、特に書に関心をお持ちのかたは『風信帖《ふうしんじょう》』をすぐに想い起こされるかと思います。この真跡書簡は、京都の東寺に所蔵されていて、国宝に指定されていますが、現在、三通を一軸とした巻物になっております。この三通の手紙のそれぞれの書出しが、「風信」「忽披」、あるいは「忽恵」となっているところから、それぞれ『風信帖』『忽《こつ》披帖《びじょう》』、あるいは『忽恵帖《こつけいじょう》』と呼ばれています。またはこれらの三通を一括して、単に『風信帖』と総称する場合もあります。八十通近い大師の手紙の中で、真跡つまり弘法大師自身の手によるものとしては、現在、この『風信帖』三通が残っているにすぎません。

この真跡書簡は、すべて大師から比叡山の伝教大師最澄にあてた手紙とみられており、当然のことながら、もとは比叡山に存在していたのであります。そのことは、これらの手紙の継ぎ目に「延暦寺印」の四角な朱印が捺してあることからも知ることができます。

この真跡書簡は、おそらく鎌倉の末か室町の初めごろ、叡山から流れ出て良瑜というお坊さんの手もとに移ります。その間の経緯については定かではありませんし、良瑜がどういう人物かということもよくわからないのですが、おそらくは前後三回にわたって、三井園城寺の長吏を務めた人ではなかったかと考えられます。そのときには、弘法大師の真跡の手紙は五通あったと考えられます。

良瑜は延暦寺の亮真の勧めにより、この『風信帖』五通をもとあったところ、すなわち東寺へ返そうとします。しかし、実際に寄進されたのは、二年後の文和四年（一三五五）十一月三日でした。良瑜は、この真跡の手紙五通を東寺へ寄贈しようと決意しましたけれど、なお彼の手もとにとどめてあったときに、仏事の混雑にまぎれて、五通の中の一通が何者かによって盗み去られてしまいました。したがって、実際に東寺へ寄進されたのは四通でした。

東寺ではこれを無上の宝物として、長く保存してきたわけですが、それから約二五〇年を経た天正二十年（一五九二）四月に、興山上人木食応其を介して、時の関白豊臣秀次が『風信帖』のうち一通を寄こせ、と所望してきました。東寺は、やむなく一通を四月九日に秀次に進上しました。実は、このとき秀次は同時にまた、冷泉為満からも冷泉家に伝わっていた「公忠集」を寄贈させております。現在『風信帖』が東寺に三通しか残っていないのは、こういう事情によるのです。

たとえ二通とはいっても、このような事情で散佚してしまった手紙は、当然、弘法大師空海から伝教大師最澄などにあてたものであり、両大師のかかわり、あるいは両大師の生涯の未知の一端が、これらの手紙によって知られるべきものであるだけに、その紛失はきわめて残念なことであります。

この三通のほかに、最近、槙尾山の施福寺で弘法大師の書簡が発見されました。これは、実は江戸時代の中期に臨模されたもので、真跡ではありません。残念ながら最初の部分が欠けておりますし、中ほども虫喰いがひどくて、すべてを完全に読みとることができません。しかし、これは大師の書状を横に置いて手本として書写したものですから、その書体は大師のそれに非常によく似ています。

したがって、だいたいわれわれは、現在、弘法大師の手紙としては真筆のもの三通、それから真筆に準ずるものとして、施福寺の臨模本との四通を持っているということになります。

それでは、それ以外の手紙はいったいどうか。これは古来、二巻に集成されて伝えられてきました。ふつう『高野往来集』、あるいは『高野雑筆集』と呼ばれているのが、それです。ご存じのように「往来」というのは往復書簡を意味しますが、現在伝わっている『高野往来集』の内容は、いわゆる往来物ではなく、単に大師のさまざまな手紙を集めたものにすぎません。そういう意味では、高雄山寺三綱の択任書なども含まれていますから、どちらかというと「雑筆」と呼ばれるほうが、むしろ適当であろうかと思います。

このほかに、これは従来だれも指摘していないことですが、『拾遺性霊集』というのがあります。もと上・下二巻でしたが、残念ながら上巻は現在残っていません。ご存じのように『性霊集』というのは、大師の弟子の真済《しんぜい》（八〇〇～八六〇）——大師の晩年の弟子で、非常に文才にたけた人でありますが、弘法大師の詩文のたぐいを蒐集編纂して『遍照発揮性霊集』十巻としてまとめたものです。

ところが、その十巻のうちの最後の三巻がいつのころかなくなってしまいました。そこで、仁和寺の済暹（一〇二五～一一一五）がさらに大師の文章といわれているものを集めて、いわゆる『続性霊集補闕鈔』三巻を補って、巻数だけはむかしにかえったわけです。

この『拾遺性霊集』という写本は高野山の宝寿院に伝わっていますが、その内容を見てみますと、従来、『高野往来集』または『高野雑筆集』として伝わってきたものとほとんど同じです。つまり、この『拾遺性霊集』巻下というのは、大師の書簡だけを集めたものなのです。

では、この弘法大師の書簡集はいったいいつごろ編まれたものか、またたれが編纂したのかということになると、今日はっきりとはわかっておりません。ところで、石山寺の尊賢（一七四九〜一八二九）が寺の書庫を整理していて、同じく石山寺の淳祐（八九〇〜九五三）——足が不自由だったのですが、大変すぐれた学僧でありました——がその一部を自ら写しとった大師の手紙の集成を発見したのです。残念ながら、そのときすでにその書簡集の前半分がなくなっていました。しかし、後半の部分しか残っていないとはいうものの、きわめて重要なものだということで、尊賢はそれを木版印刷にいたしました。それが『発揮拾遺編』というものです。

弘法大師の書簡集は、このようにして、延宝九年（一六八一）に木版刷りで発行された『高野雑筆集』上・下二巻以来、明和八年（一七七一）に刊行された『発揮拾遺編』としてのちの世に伝えられ、さらには塙保己一の『続群書類従』の中にも収録されました。最近では、長谷宝秀氏が明治の末年に編纂した『弘法大師全集』の中にも収められていて、われわれは簡単に見ることができます。

こうした史料によって、われわれは弘法大師空海の生涯または人間性の一端を知ることができるわけですが、ただ単に大師自身の手紙だけではなくて、さらに他の者から大師にあてられた書簡も、また参照されなくてはなりません。しかし、伝教大師最澄からのもの以外は、ほとんど残っていないのは残念であります。

ところで、その伝教大師の手紙は一般に『伝教大師消息』として伝承されております。「往来」も「消息」もすべて手紙を意味するのですが、この『伝教大師消息』は、東寺の長者にもなった小野仁海（九五一〜一〇四六）という人が弘法大師やその周辺の人びとにあてた手紙だけを集成したものといわれます。この中で真筆が残っているのは、いま奈良国立博物館にある、いわゆる『久隔帖』と呼ばれるものがただ一通のみです。
こうしたさまざまな手紙から、いったい弘法大師空海の人間像がどの程度までたどれるかということが、実は本日の課題になるわけであります。

書簡にみる弘法大師と伝教大師

日本の仏教史のなかで、奈良時代の仏教はどちらかといえば、表面的には移入されたままの形の学問的な傾向が強い仏教でした。その学問仏教が日本の土壌に根づき始めたのが、実は平安仏教であります。その平安仏教が、日本的な展開を遂げて、やがては鎌倉の実践仏教ということになります。そういう点で、この平安仏教は奈良から鎌倉へという、一つの仏教の流れの橋渡し的な重要な役割を持っているわけです。

したがって伝教大師最澄と弘法大師空海は、仏教の日本的な展開にとって共通の役割を演じているということになりますけれども、弘法大師と伝教大師というこの二人の平安仏教を代表する巨匠ほど、対照的な組み合わせをみせているのも珍しいのであります。だから、伝教大師を論ずる場合には、必ずといってよいほど弘法大師が引き合いに出され、逆に弘法大師についてみる場合には、いつも伝教大師が引き合いに出されてくるということになるわけです。

とりわけ、これら平安仏教の両巨頭の性格というか、人間性について大方の見方は、伝教大師にはきわめて同情的・好意的であるのに対して、弘法大師にはかなり風あたりがきつく、ある場合には、あからさまに嫌悪の感情を表明する人びとも多くありました。たとえば、日本仏教の近代的な研究の草分けといってもいい東大の辻善之助さんなども、どちらかというと伝教大師に好意的で、弘法大師はあまり好きではないようです。

たとえば辻さんは弘法大師の書風について、機略縦横の才気がうかがえるものの、多少の嫌味があり、しつこい感じがするというふうな論評を加えており、必ずしも好感を抱いていないことがわかります。それに対して伝教大師の書風からは、おのずからその気品が感じられ、いかにも雅致清韻に富んでいて、その温雅な書風からするならば、その人品がいかに高潔であったかがしのばれる、というふうに述べているのであります。

好き嫌いは、いわば嗜好の問題で各人の随意だとしても、ただ、あらぬ誤解や曲解に基づく嫌悪感だけで、人物の評価をすることは慎まなければなりますまい。少なくとも弘法大師空海の名誉のために、私はここでそうした曲解の一部を取り除いておきたいと思うわけです。

辻善之助さんに限らず、大方の人々は、伝教大師最澄が七つも年下の、しかも当時、一介の青年僧にすぎなかった弘法大師に対して、きわめて鄭重な言葉づかいや態度でもって密教の受法、あるいは経論の借用を申し込んだといいます。たとえば、弘仁四年（八一三）の書簡では、自ら「求法弟子最澄」と署名しています。このとき伝教大師はすでに内供奉十禅師というたいへん高い地位にありました。しかも、唐に入るときも還学僧・請益僧としてであって、もはやその道の大家と認められていたのです。

ところが、弘法大師の場合には入唐留学僧でしたし、たしかにいまだ無名の一青年僧にすぎませんでした。だから世間的な常識からすれば、両者には社会的なというか、仏教界における地位とか名声という点では、雲泥の差があったわけです。それにもかかわらず、伝教大師は弘法大師に対して自らを「求法弟子」と貶称しているではないか、というのです。実際に、その手紙の一つを読んでみましょう。

孟春《もうしゅん》なお寒し。伏して惟《おも》みれば遍照阿闍梨《へんじょうあじゃり》、道体安和ならん。即日《ちかごろ》、下資《げし》最澄恩を蒙る。山に住するの期、未だ畢《おわ》らず。箒《そう》を把《と》るの礼なお闕《か》く。故《ことさら》に怠るにあらざるを恕《ゆる》さば、下釈、幸甚なり。下情未だ拝展を卜《ぼく》せず。弥々《いよいよ》企《き》望《ぼう》を増す。謹んで大三の向《おもむ》くによって起居《きこ》を奉状《ぶじょう》す。不宜《ふぎ》。謹んで状《しる》す。

正月五日　求法の弟子最澄状《しる》して上《たてまつ》る。

帰唐遍照阿闍梨法前

紫綖《しえんのそうざ》草座一枚、単座一枚、上野の席二枚、謹んで丹誠《たんせい》を表す。惟《おも》うに検領《けんりょう》を垂れなば深き幸なり。謹空。

ここで、伝教大師は、弘法大師に対して自らを「下資」と書き、取るに足らない弟子だと自分を卑しめて呼んでいるのは事実です。しかし、辻さんが指摘するのは、「即日、下資最澄恩を蒙る」とか、「箒を把るの礼なお闕く」とか、あるいはまた「下情未だ拝展を卜せず」といったふうに、その表現は実に鄭重をきわめ、弟子としての礼をとっているということにあるのです。

同じようなことを、もっと強い調子で瀬戸内寂聴さんもいっておられます。先年、出版された『伝教大師巡礼』（講談社）という本の中で、「最澄は見栄も外聞もかなぐり捨てて、自分より若い空海に辞を低くして教えを請い、いうならばその膝下に土下座をしたありさまであったのに、空海は最澄のそうした愚直なまでの真剣さ、一途さに冷たく、意地悪く報いたのである」と。

もっとも、瀬戸内さんをしてこのように言わせたのには理由がなくもないのです。しかし、これには瀬戸内さん自身のためにも、いささか注釈を加えておかねばなりません。さきほど申しました『続性霊集補闕鈔』巻十の中に、「叡山の澄法師の理趣釈経を求むるに答する書」というのがあります。これまで一般にこの答書は、弘仁四年（八一三）の初冬に伝教大師が『般若理趣釈』という理趣経の注釈書の借用を懇願したときに、非常に峻烈な言辞でその申し込みを拒絶した弘法大師の書状であるとみなされてきました。この手紙には、たしかに「あなたは人々を導き救う聖者なのか、それともただの凡夫にすぎないのか」といったようなことも書かれていて、なるほど厳しい内容のものであることは事実です。しかし、この手紙の主旨は仏法、なかんずく密教の学習のありようを述べたもので、単に書物を見せろ、見せないといった次元の低いものではありません。たとえ医学書をいくら読んでみても、実際に正しい治療をほどこさなければ病は癒えないように、経論のみを読んで、ああでもない、こうでもないと、いくら談論してみても、如法に心から心に伝えて信修しなければ、経論の文もただの糟粕、瓦礫にすぎないものとなる、というのです。

この手紙自体、弘法大師のものではないという説もありますし、最近では伝教大師あてのものではないともいわれています。いずれにせよ、この手紙は『般若理趣釈』という特定の典籍の貸借とは何のかかわりもないことはたしかです。ただ、この手紙の中に「古人は道のために道を求む。今の人は名利のために求む。名のために求むるは求道の志《こころ》とせず。求道の志は己れを忘るるの道法なり」とあることには留意しておきたいと思います。弘法大師が伝教大師の愚直なまでの一途さに「意地悪く報いた」とみたのも、こうした古来の誤った所説にもとづいてのことであって、その責は瀬戸内さん自身に帰せられるべきものではありません。

ところで、古代の手紙を見る場合に、注意しなければならないことがあります。ご存じのように、日本の手紙というのは奈良時代から平安時代にかけては、すべて隋や唐の時代の手紙の書き方に従っていました。手紙だけではありません。政治も文化も、学校の制度なども、すべてが唐の模倣でした。日本人が日本人のための手紙の範例集をはじめてつくったのは、平安中期です。藤原明衡の『明衡往来』とか『雲州消息』と呼ばれるのが、それです。

したがって、それ以前の日本人の手紙を見ようとするならば、当然、古代中国の、いわゆる「書儀」と呼ばれるものを参考にしなければなりません。実は、国宝に指定されている光明皇后の写された『杜家立成雑書要略』というのは、そうした手紙を集めたものなのです。そういうものから始まって、平安の中期までに、六朝から隋、初唐にかけて、中国で編纂された「書儀」とか「月儀」と呼ばれる書簡の模範文例集が数十種類日本に伝わってきていることが、寛平三年（八九一）頃に編まれた『日本国現在書目録』によってわかります。ところが、これらはすべて散佚してしまって、一つも残っておりません。

それならば中国においてはどうかというと、これも残念ながら「書儀」「月儀」のたぐいは、古いまとまったものは一冊も残っていないのです。ただわずかに、敦煌から発見された数多くの文書の中に、われわれはいくつかの「書儀」「月儀」類の断簡を見ることができます。これはスタイン、あるいはペリオなどが収集した文書の中にあるものです。

それでは、そうした書儀類の中から二つほどの例を挙げてみましょう。

まず「四海の平懐に与える書」であります。

闕叙《けつじょ》已《すで》に久しく、傾仰《けいぎょう》殊に深し。時候（「孟春なお寒し」など、時候の文句を書くことを示す。）伏して惟《おもん》みれば、ム官（相手の官名を書く）動止康和ならん。即此《ちかごろ》、ム《それがし》（自分の名前）恩を蒙る。所守に限りあり、展奉《てんぶ》未《いま》だ由あらず。

これは、手紙の受取人が自分とほぼ対等な人に対して、こういうふうな書き方をするのだという模範文であります。

次は「四海の未相識に与える書」です。

生年未だ拝奉せずと雖《いえど》も、渇仰《かつごう》毎《つね》に深し。徳風を欽望すること、筆宣に喩《たと》えがたし。時候（時候の文句を書く）。伏して惟みれば、官位（相手の官位を書く）、動止万福ならん。即日《ちかごろ》、ム《それがし》、恩を蒙る。限るに官守を以てして、展謁《てんえつ》未だ由あらず。

こちらのほうは、いまだかつて一度も会ったことがない人に対して手紙を書く場合の模範文です。

これらの書儀断簡と、最初に挙げた伝教大師の消息、あるいはのちに掲げる伝教大師の書状とを比較していただきたいのであります。たとえば、「恩を蒙る」という言葉を、辻さんも瀬戸内さんも、「近ごろ、この私最澄は、いつもあなたにご恩をこうむっております」というふうに、解釈されているようにみうけられます。

気をつけなければならないのは、古代の手紙を読む場合に、それぞれの文字が持つ現在のニュアンスで読んだのでは、思わぬまちがいを犯すことになるということです。今の場合も、この「恩を蒙る」というのは、文字どおりに解釈する必要はまったくないのです。前に挙げた書儀断簡をごらんになれば、そのことがおわかりいただけると思います。

自分と対等な人に対して与える場合にも、あるいは、いまだかつて一度も会ったことのない人に対する手紙の中ですら、「恩を蒙る」という言辞が用いられているのです。これは「あなたにいつもたいへんなご恩を、私は受けております」ということではないのであって、「近ごろ私はおかげさまで変わったことはございません」という意味にすぎないのです。つまり、日々の暮らしに変わりがなく、つつがないことをいう場合の、これは書簡用語なのです。

それから、「拝展」「展謁」「参謁」とかいう言葉も、やはり最上級の鄭重な言葉というふうに辻さんは解釈しますが、けっしてそうではないのです。「書儀」によれば、この「拝展」や「拝謁」というのも、「お会いする」ことをいうのに、ごくごくふつうに用いられている言葉なのです。たしかに伝教大師の手紙からは、いかにもその謙虚さがしのばれますが、しかし土下座をして弘法大師に頼んでいるというような解釈は当たらないのです。

では、弘法大師の手紙はどうでしょう。有名な『風信帖』の最初にあるものを読んでみたいと思います。

風信雲書、天より翔臨《しょうりん》す。これを披《ひら》き、これを閲《けみ》するに、雲霧を掲ぐるがごとし。兼ねて止観《しかん》の妙門を恵まる。頂戴供養《ちょうだいくよう》し、厝く攸《ところ》を知らず。すでに冷《すず》し。伏して惟みれば法体如何に。空海、推常《うつりつね》なり。命に随い、かの嶺（比叡山）に躋《のぼ》り攀《よ》じんと擬《はか》るも、限るに少願を以てし、東西すること能わず。今、我が金蘭《きんらん》と室山《しつさん》と一処に集会し、仏法の大事因縁を商量し、共に法幢《ほうとう》を建てて、仏の恩徳に報いんと思う。望むらくは、煩労を憚《はば》からず、蹔《しばら》くこの院に降り赴かれんことを。これ望むところ、望むところ。忩々不具。釈空海状して上《たてまつ》る。

九月十一日

東嶺金蘭法前　謹空

この手紙は弘仁二、三年ごろに伝教大師にあてたものですが、この手紙に限らず、他のすべての手紙にも、礼を失した表現はまったく見あたりません。むしろこのほうがよほど鄭重ではないかとさえ思われます。どちらかというと、伝教大師の手紙は唐の「書儀」とか「月儀」にかなり忠実に従っていることがわかります。ところが、弘法大師の場合には、「風信雲書、天より翔臨す」といったような、文学的な表現がよく出てきます。しかし、実際に書儀を逸脱した失礼な言葉はどこにも見あたりません。

ですから、前にもいったように、これは現代の言葉が持つニュアンスで奈良とか平安のものを読んではいけないという、一つの例なのであります。

このようにみてきますと、伝教大師が自ら辞を低くして謙虚な態度で、弘法大師に対して法を求めてきたということは、当然否定することはできません。けれども、土下座をしたようなありさまは、少なくとも現在残っている伝教大師の手紙からは発見することができないのです。

ただ、伝教大師が弘法大師に対して示した謙虚さというのは、実はそれなりの理由があってのことであり、だれに対してもこういう謙虚な態度で接しているかというと、必ずしもそうではないのです。そのことはみなさんあまりお触れにならないようです。

たとえば、ご存じのように伝教大師は思想的に旧仏教と厳しく対立し、その晩年の生涯が奈良の旧仏教、とりわけ法相の学徒らとの論争に明け暮れたといってもよいほどです。奈良にはいわゆる南都六宗つまり六つの仏教スクールがあったわけですが、その中でも、とくに勢力があり、人気があったのは法相の哲学でありました。その法相のスクールに属していた人に徳一というのがいます。

この人は奈良の仏教の堕落した現状をきらい、東国地方に身を退けて、人びとを啓蒙していた人です。のちに伝教大師が東国地方を巡錫いたします。その巡錫を契機として、徳一との間に教義上の論争が持ちあがりますが、この徳一に対しては、伝教大師は「麁食者《そじきしゃ》」とか「北轅者《ほくえんしゃ》」と軽蔑して呼んでいるのです。つまり、粗末な食物を食べている輩とか、自らの帰るべき方向さえわからぬ者ということです。これは、法相という学派が仏所説の経典に従わず、いわゆる世親などの著わした論書によって体系化された教えであって、釈尊そのものの教えではないのだ、そういう意味では、粗末な法相という教えを食べて、それに満足して自らの立っている位置すらわからない愚かなやつだ、というような意味です。そこには伝教大師の内に秘めた妥協を知らない激しい性格の一端が、つい顔をのぞかせているといった感じを受けます。

それでは、他方、弘法大師はそういう人びとにどういう言葉を使っているかと申しますと、たとえば弘仁六年三月から四月にかけて東国地方の人びとに送った一連の弘法大師の書状があります。それはすべて密教の経論を写して学んでもらうための依頼状です。このとき、弘法大師はまだ徳一とも下野《しもつけ》の広智などとも面識がありませんでした。徳一に対しては、彼の東国への仏法宣布をきわめて高く評価し、広智に対してもまた「幽蘭は心なけれども気遠く、美玉は深く居て値貴《あたいたか》し」と書いているのです。伝教大師が東国の田舎者めとやったのに対して、弘法大師は「蘭の花にはたとえ自らを誇る心がないとしても、その妙なる香りは非常に遠くまで及んでくるものでございます。宝石はたとえ地中深くうずもれていても、その値が貴いものであることに変わりはございません」と書き送って、「たとえあなたが東国の辺境におられようとも、その優れた名声は、われわれのところまではるかに及んでいるのでございます」と賛美しているのです。いったい、これをもってしても、なおかつ伝教大師のみが謙虚で、弘法大師が無礼といえるかどうか、ここらあたりをよくお考え願いたいのであります。

ところが、こういうようないい方をするからこそ、「だから空海は嫌味があるんだ」という人もあるかもしれません。かたくなに南都の仏教とイデオロギーの点で対立した伝教大師に、問題の本質を鋭く問いつめる純粋さを認めようとするのに対して、対話と調和をめざす弘法大師を、いかにも要領のよい妥協家、政治的野心家とみて、あからさまに嫌悪感を示すものもあります。

一途に天台法華宗の実質的な確立に、旧勢力のあらゆる抵抗にも耐え、弟子の離散にも耐え忍びながら孤軍奮闘し、しかもなお、ついにその実現をみることなく淋しく比叡の山に入寂していった伝教大師の姿には、未完のわびしき余韻をしのび、「もののあわれ」をこよなくめでる人びとの心を強く魅了する何かがあるのでしょうか。

しかしまた、司馬遼太郎さんのように、「その思想の卓越した論理的な完璧さとあいまって、あたかも結晶体のように簡勁で、あまりにも無駄なく端正でありすぎる空海の人間像は、所詮、浮世の階層ではとらえられないばかりか、人間であるということでさえとらえがたい」というように見る方もございます。中世以降の、もののあわれの情感にならされてきた人びとにとって、完結せる端正さは美意識の対象にはなりにくいのも事実です。弘法大師の人間像を、あえてその手紙からみてみようというのが、私の課題であります。

書簡にみる入京の経緯

弘法大師空海自身、『御遺告』を別にすれば、自らの出自についてはほとんど口にすることはありませんでした。この『御遺告』と称するものが弘法大師の自著でないことは、いまさら申すまでもないことです。弘法大師が入定されてから二十六年後の貞観三年（八六一）に、伴《ともの》善男《よしお》が讃岐国の佐伯直鈴伎麻呂など、大師の一門に属する十一人に対して宿禰《すくね》の姓《かばね》を賜わるように佐伯氏にかわって申請しています。その上表文の中で、大師の父をはっきりと佐伯直田公《さえきのあたいたぎみ》と記しています。ところが、延暦二十四年（八〇五）九月十一日付の太政官符案では、大師について「俗名は、讃岐国多度郡方田郷の戸主、正六位上佐伯直道長の戸口、同姓真魚」とあって、田公の名は出てきません。『大伴系図』によりますと、道長を郡の大領、田公を郡の少領とし、道長を田公の子としています。この齟齬《そご》について、従来さまざまな解釈が行なわれてきたのですが、いずれにせよ、『新撰姓氏録』では大伴と佐伯の両氏は親縁関係にあると記されております。大師自身もまた、そうした伝承を信じていたことが、いくつかの書簡からわかります。伴善男の父である大伴宿禰国道が陸奥への東征の按察使《あぜち》に左遷されたとき、大師は彼に書簡を送り、息災の秘法をうけて身の安全をはかることを勧めています。このとき兵書三巻、加持をした神薬とともに、送別の詩をも贈っていますが、その詩の序文で大伴氏の遠祖を武日《たけひの》命《みこと》とし、「伴佐昆季なり」と書いて、自らの佐伯氏を大伴氏のわかれとみているのです。

弘法大師はまた、弘仁八年（八一七）に紀州の大伴氏にあてて高野山開創の援助を乞うた手紙の中で、「これを先人の説に聞くに、わが遠祖、太遣馬宿禰《たけめのすくね》はこれすなわち、かの国（紀伊国）の祖、大名草彦《おおなぐさのひこ》の派《わかれ》なり。かるがゆえに、尋ね謁《まみ》えんと欲すること久し。しかれども左右《かれこれ》拘礙《こうがい》して、志願を遂げず。悚息《しょうそく》何をか言わんや」としたためています。紀伊国名草郡に大伴氏がいたことは『三代実録』によっても確かめられますし、『新撰姓氏録』巻二十の和泉国神別には、「高野、大名草彦命之後也」とありますが、相互の関係については定かでありません。江戸時代の高野山無量寿院の学僧得仁は、これについて「けだし大名草彦は道根命《みちねのみこと》の裔にして、紀伊の国造《くにのみやつこ》なり」としていますが、いずれにせよ、弘法大師が自らの遠祖を、この大名草彦のわかれである太遣馬宿禰と言っているのは、その出自を語る唯一の言及として注目すべきでありましょう。

弘法大師が十八歳で都の大学に入って勉学されたことは、その著述『三教指帰』の序文などから知られます。当時の大学は政治の基本的な理念でもあった儒教一辺倒の学問をしていたのですが、すでに大学は純粋に学問をするところというよりも、中央省庁の官吏養成機関となっておりました。そのころの大学は戸主の身分が五位以上の子弟に限られ、入学の年齢も十三歳以上、十六歳未満とされておりました。ことに年齢の制限がどこまで厳格に守られていたかは疑問ですが、弘法大師の場合は、そのいずれにも該当しないのです。いわばストレートに大学へ入る資格に欠けていたことになります。当時の学令から推しはかりますと、あるいは多度郡の大領ないしは少領の子弟であった真魚、すなわち幼少の大師は、まず規定どおりに讃岐国の国学に進み、所定のコースを修了したのちに式部省に願書を提出し、課試に合格して大学へ進んだとも考えられますが、そうした伝承はすでに述べたように、まったくありません。

しかし、やがて仏教に心をめぐらせて、大学を中退するのですが、延暦二十三年（八〇四）六月に大使藤原葛野麻呂の船に便乗して入唐留学するまでの消息は、杳《よう》として知ることができないのです。東大寺戒壇院で、唐僧泰信を戒和上として具足戒を受けたのは、入唐の直前であったと思われます。このときの受戒には比叡山の円澄もいっしょであったとする伝承もあります。

入唐した大師は大使に代わって、いく通かの手紙を代筆しています。大師が長安において、自らの求める密教の学習を正式に始めるのは、大使一行が長安の都をあとにして帰朝の旅についてからのことでした。もとより確証があるわけではありませんが、あるいは語学力、文才、教養にこよなくたけていた弘法大師は、遣唐大使が在唐中の書記官的な任務も兼ねての入唐留学であったかもしれません。

大使一行が帰途についたのち、実質的には半年ばかりの間に、大師は長安の青竜寺東塔院の恵果和尚から、金剛頂系と大日経系との両部の密教を完全に伝受されました。それはあたかも瓶から瓶に水を移すがごとくであったといわれています。この伝受の終了を待ちかねたかのように、かの地における師匠恵果は、この年の暮に入滅いたします。こうした事情もあって、弘法大師が当初の予定をはるかに短縮して、同じ留学生の橘逸勢などとともに帰国したのは大同元年（八〇六）の初冬でした。この年の十月二十二日には、同時に帰朝した遣唐判官高階遠成に付して、入唐留学の成果を朝廷に報告しております。いわゆる『御請来目録』がそれです。この中で、のちに大師がその生涯にわたって公表し続けた著作のあらゆる思想が、すべて完全に凝縮して見出せることは、大きな驚きというほかはありません。

ところで、帰朝後の大師はなぜか筑紫の地に予想外に長く滞留することになります。大同二年二月十一日には、鎮西府の次官田中氏の先妣の周忌に際して、大師は斎《とき》を設ける願文を乞われて書き残しております。同じ年の四月二十九日には、入京の日まで筑紫の観世音寺に止住すべしとの大宰府牒が、この寺の三綱にくだされてもいます。こうした文書がある以上、大師の入洛は当然のことながら、それ以前ではありえなくなります。そこで古来、多くの伝記類はその入洛時期を大同二年の秋とするのですが、これには何の根拠もないのです。

大同三年六月十九日付の太政官符は、その年夏季の大師の課役を免ずるものでありますが、問題がないわけではありません。「賦役令」によれば、公事の使者として唐国から帰還したものは三年の課役が免ぜられることになっていますが、大師が果たしてこのことに該当していたかどうか疑問ですし、何よりも今の場合、夏季のみの課役の免除というのと相応いたしません。それに、出家得度者であれば戸籍を治部省玄蕃寮の管轄下の僧尼籍に移して、つとにその課役は免ぜられているはずだからです。いずれにしても、この官符がどこの国司に対してくだされたものか不明である以上、この官符自体、大師が当時どこに滞在していたかを知る手がかりとはなりません。

ところが、弘法大師の手紙の中に、その入洛時期を暗示せしめるものがあります。ただ残念ながら、その書簡は宛名も日付も欠けているのですが、手紙の冒頭に「西府《せいふ》に一《ひと》たび別れて今に七年」とありますから、この書状の年代がわかれば、おのずから大師がいつごろ筑紫の地を離れて上洛したかを知ることができるはずです。その手紙には次のように書かれています。

西府に一たび別れて、今に七年。悵恋《ちょうれん》やまず。忽ちある人の伝語するを見るに、比日《このごろ》、京に入ると。すなわち就いて謁《まみ》えんと欲するに、私願に期ありて山扃《さんけい》を出でず。限るにこの縁をもって、馳《は》せ謁《まみ》えることを遂げず。貧道《ひんどう》いささか三宝を供せんと欲《おも》うに、山厨闃然《さんちゅうげきぜん》として、事ごとに弁じがたし。伏して乞う、米油等を済《すく》うことを垂《た》れよ。
また大唐より将来する所の経疏文書等、数本を写取して、あまねく流伝を事とせんと思欲《おも》う。紙筆等また得がたし。また恵みを垂れんことを望む。

この手紙は冒頭の一部と末尾の部分が欠けています。「西府」とは筑紫の鎮西府のことです。宛名もわかりませんが、これが帰朝ののち長らく滞在した鎮西府の知人に対して、米油等と紙筆などの恵贈を乞うたものであることは確かです。この手紙でとくに注意すべきことは、紙筆の所望が大唐から請来した密教の経論のうち、その若干のものを書写して、これを流布講伝せしめるためであった点です。実は、弘法大師がこの大事業を行なったのは、弘仁六年（八一五）の三月以降の数か月のことでした。そのことは『続性霊集補闕鈔』巻九にある「諸の有縁の衆を勧めて秘密蔵の法を写し奉るべき文」や、さきにもちょっと触れた徳一、広智などにあてた弘法大師の書簡から知られます。いま、詳細にこれらを対比する時間的余裕がありませんが、その内容からみて、さきの西府の知人にあてた書簡を弘仁六年のものとみなすことには異論がないと思われます。

そうだとすれば、弘法大師が筑紫を離れて入洛の途についた時期は、弘仁六年から七年以前の大同四年であったことになります。この年の七月十六日には、右大臣の宣によって京都へ入住せしめる太政官符が和泉の国司にくだされていますから、大師はまず和泉国――伝承では槙尾山であったという――に赴き、まもなく高雄山に移ったことがわかります。驚くなかれ、実に帰朝後の筑紫滞在は、長安での滞在よりも長期にわたるものであったのです。その理由については、古来さまざまに言い伝えられております。しかし、最大の理由は、桓武帝のあとを継いだ平城天皇の新仏教への恣意的な無関心にあったといえましょう。

書簡にみる大師の人となり

弘法、伝教両大師の交わりは両者の手紙、なかんずく伝教大師最澄の書状によって、ある程度具体的にたどることができます。弘法大師の生誕が宝亀五年（七七四）であったことも、伝教大師の手紙『久隔帖』と、弘法大師の「中寿感興詩ならびに序」を突き合わせてみることではっきりとしてきます。そのことについては私自身すでに十数年以前に明らかにしたことで、先年出版の『弘法大師の書簡』（法藏館）の中でも重説しておきましたから、そちらでご覧いただけたらと思います。さきに触れました施福寺所蔵の手紙も、この中寿感興詩と関連するものです。

ところで、弘法大師の手紙、あるいは伝教大師から弘法大師にあてた書状からわかることは、弘法大師の生涯がほぼ十年を一期として大きなカーブを描いていることです。知られる限りにおいて、まず最初の沈下は入唐からほぼ十年を経た弘仁三年、大師三十九歳の秋であったと思われます。そのことについて、重ねて述べてみましょう。

この年の十月に伝教大師は弟子の光定をともなって、奈良興福寺での維摩会からの帰途、当時、長岡の乙訓寺に止住していた弘法大師を訪ね、そこに一泊しました。このとき、弘法大師は自ら請来せる真言の教法をすべて伝教大師に付嘱することを約束したのですが、実はこのことが、伝教大師が無二の同法者とたのむ泰範が叡山を離れて弘法大師のもとに身を寄せる端緒ともなり、ついには伝教大師と弘法大師の袂別にもつながっていくのであります。その泰範にあてた伝教大師の手紙を、ちょっと読んでみたいと思います。

比叡山老僧最澄敬って白《もう》す
受法灌頂すべき事
右最澄、去月二十七日頭陀《ずだ》の次《ついで》を以て乙訓寺に宿し、空海阿闍梨に頂謁《ちようえつ》す。教誨慇懃《きようかいいんぎん》たり。具《つぶさ》にその二部の尊像（金剛界と大悲胎蔵の両部の尊像）を示し、また曼荼羅《まんだら》を見せしむ。倶《とも》に高雄に期《ご》す。最澄先に高雄山寺に向う。同月二十九日を以て、阿闍梨は永く乙訓寺を辞し、永く高雄山寺に住す。即ち告げて曰く、「空海生年四十、期命尽くべし。ここを以て、仏を念ぜんがための故に、この山寺（高雄山寺）に住す。東西《とこう》することを欲せず。宜しく持するところの真言の法、最澄闍梨に付属《ふしよく》すべし。惟《おも》うに、早速に今年の内に付法を受取せよ」云々と。
その許すところを計《はかりみ》るに、諸仏の加《よみ》するところなり。来る十二月十日を以て、受法の日と定め已畢《おわ》る。伏して乞う、大同法、求法の故に早く叡山に赴き、同じくその調度を備えしめ、今月二十七日を以て高雄山寺に向かえよ。努力《ゆめ》、努力《ゆめ》、わが大同法、思い留まることなかれ。委曲の状は光仁仏子をして知らしむ。謹んで状《しる》す。
弘仁三年十一月五日　　小同法最澄状通
高島旅同法範闍梨座前

この手紙から、弘仁三年の秋から冬にかけて、弘法大師はまさしく「期命尽くべし」と感じるほどの状況にあったことがわかります。そのために、乙訓寺の別当職など、俗事をすべて辞して高雄の山に入り、もっぱら仏を念ずることを告げています。唐から新しくもたらして朝廷に上呈していた密教経軌の返還と真言の教えの宣布を許されてからようやく二年余りを経て、弘法大師にも実恵・杲隣・智泉といった若干の弟子はいたものの、しかし彼らはいまだ弘法大師の理想とする法幢の高揚にあたるには、なお程遠き存在であったろうと思われます。いかに尊く深い教法とても、それは人をまって初めて伝わるものであります。いま、四十に近く期命尽くべしという状況のもとで、弘法大師の耳に聞こえてきたのは長安での師主、恵果和尚の言葉であったにちがいありません。

如今《いま》、此の土《くに》の縁尽きぬ。久しく住《とど》まること能わず。……纔《わずか》に汝が来れるを見て、命の足らざることを恐れぬ。今則ち、法のありとしあるを授く。経像の功もまた畢《おわ》んぬ。早く郷国に帰りて、以て国家に奉り、天下に流布して蒼生《そうせい》の福を増せ。

この言葉を残して、師主恵果はほどなく入滅したのでありました。早くから真言密教の受法を望んでいた伝教大師に対して、いまや弘法大師は授法の決意を固めたのです。「惟うに、早速に今年の内に付法を受取せよ」とあるのは、事態がかなり切迫していたことを思わせます。この授法は弘仁三年暮の高雄山での持明灌頂によってスタートするわけですが、どういうわけか、それ以上の進展をみることはありませんでした。伝教大師の弟子光定たちには法華儀軌による一尊の法なども授けられましたが、いわゆる両部の大法を伝えるまでにはいきませんでした。そのことは伝教大師の側からすれば、明らかに約束違反でもありました。伝教大師から大法の伝授について督促があったとしても、少しもおかしくはありません。

伝教大師の弟子円澄は、このときの伝教大師から弘法大師への督促の言葉を伝えています。

「大法の儀軌を受けんこと幾月にか得せしめんや」と。ところが、これに対する弘法大師の答えは「三年にして功を畢《お》えん」という思いも及ばぬ冷厳なものでありました。

しかしながら、これをもって一方的に弘法大師の非礼と難ずることはできません。たしかに伝教大師は、密教を求めるのにきわめて熱心でした。しかし、ややもすれば経論儀軌の書写にのみ力を尽くしすぎるきらいがないでもなかったようであります。弘法大師にあてた伝教大師の書状の一節に「但《ただ》、最澄の意趣は御書等を写すべきのみ。目録に依って皆悉く写し了《おわ》んぬれば、即ち持して彼の院（高雄山）に向かい、一度聴学せん」とありますが、どちらかといえば、伝教大師は瞑想の人というよりも、むしろ学窓の人との印象を強くうけます。その意味では、なお奈良期の南都の学問的仏教の影を色濃くとどめているともいえましょう。

密教を学ぶ態度について、ある人に弘法大師は次のように書き送っています。この手紙は宛名も年月日も欠けていますが、これによって弘法大師の姿勢を知ることはできましょう。

信満《のぶみつ》至るによって問《とい》を辱《かたじけの》うし、かねて紙筆等を恵まれ、珍荷言うべからず。余寒未だ退かず。惟《おも》みるに法体いかに。貧道易量なり。居は則ち東西なれども、志《こころ》は常に松柏たり。要《もと》むる所の経法は伝授の道にして、往年陳べ申し訖《おわ》んぬ。しかれども、重ねて紀綱《きこう》を説かん。

夫れ曼荼《まんだ》の深法、諸仏の秘印は談説に時あり、流伝は機に逗《とどま》る。大師、伝授の法を説きたまえり。末葉《まつよう》伝うる者、あえて三昧耶《さんまや》に違越せざれと。与奪は我が志《こころ》に非ず、得否は公《きみ》の情《こころ》に繫《かか》れり。ただ手を握りて契約し、口に伝えて心に授くることを期《ご》すのみ。惟うに、これを審《つまびらか》にせよ。還るによる。不具。

文中の「三昧耶」とは契約、規則を意味するサンスクリットの音写でありますが、如法の伝授をさしています。ここでいわれていることは、また教育の心髄というべきものでもありましょう。「法は本《もと》より言なけれども、言にあらざれば顕われず」と弘法大師もいっていますから、仏法を学ぶ場合、経論の書写読誦はたしかに必要なことではありますが、しかし「密蔵深玄にして翰墨（論書）に載せ難し。更に図画（マンダラ等）を仮《か》りて悟らざるに開示す。種々の威儀、種々の印契《いんげい》、大悲より出でて一覩《いっと》に成仏す。経疏に秘略にして之を図像に載せたり。密蔵の要、実に茲に繋《かか》れり。伝法受法、此れを棄てて誰ぞ」（『御請来目録』）というのが、弘法大師のというより、真言密教そのものの受法のありようであったのです。だから、「汝もし非法にして受け、我もし非法にして伝えなば、将来の求法の人は何によってか求道の意《こころ》を知ることを得ん。非法の伝受はこれを盗法と名づく。すなわち、これ仏を誑《あざむ》くなり。また秘蔵の奥旨は、文を得るを貴《とうと》しとせず。ただ心を以て心に伝うるにあるのみ。文はこれ糟粕《そうはく》、文はこれ瓦礫《がれき》なり。糟粕瓦礫を受ければ、粋実至実を失う。真を棄てて偽を拾うは愚人の法なり」というのは、有名な叡山の澄法師にあてた書状といわれるものの一節でありますが、その趣旨はさきの手紙ともよく相応するものといえましょう。教法の伝授は一にかかって受者自身のこころにあるということであります。

伝教大師への付法の約束から十年たって、ふたたび弘法大師は入定の心積もりをいたします。それを示しているのが、当時、右大臣であった藤原冬嗣にあてた書状です。日付はありませんが、内容からみて、弘仁十二年十一月のものとなります。部分的に拾い出してみます。
貧道《ひんどう》、如今《いま》、生年知命《ちめい》（五十歳）に近く、二毛すでに颯然《さつぜん》たり。生願すでに満ちて、伝うべきこともまた了《おわ》る。少年の成立《じょうりゅう》を待たんと欲すれども、還《かえ》って風燭《ふうしょく》の速やかに及ばんことを恐る。……嗟呼《ああ》、俗にあって道を障《ふさ》ぐること、妻子もっとも甚《はなはだ》し。道家《どうけ》の重累《ちょうるい》は弟子、これ魔なり。弟子の愛を絶って国家の粒《りゅう》を却《しりぞ》けんには如《し》かず。……一去《いちご》の後、再面期しがたし。二三の弟子等、両相国《そうこく》に属《しょく》し奉る。

三十九歳の第一回の沈下のときには、非常な焦燥感がみられました。ところがこの手紙を見ますと、「生願すでに満ちて、伝うべきこともまた了る」ということで、ここにはもう悲愴感も焦燥感も微塵だに感じられません。実恵《じちえ》、杲隣《ごうりん》、智泉、泰範にはすでに両部の大法を授けおわっていたのです。

ただ、弟子の中にはまだ若輩の者がいて、その指導が多少の気がかりという状況ではあったけれども、それとて「二、三の弟子等、両相国に属し奉る」ことで、解決をはかろうとしているのであります。そして自らのあらゆる公職をすべて停止してくれるように依頼し、弟子たちとの関係もすべて断ち切って山に入り、ただ独り修禅して仏を念ずるのです。弘法大師は期命尽きなんと感ぜられると、常に必ず山に入られます。弘仁三年初冬のときもそうでしたし、この場合もそうでした。このときからほぼ十年を経た承和二年（八三五）三月二十一日が第三回目、そしてそれは最後の再び上昇することなき下降カーブでありましたが、それはいうまでもなく高野山での入定です。

年少の弟子若干名を藤原冬嗣に委嘱されたのは、あるいはこの年に冬嗣が一族の子弟の教育のために創立した勧学院と関係があるやもしれません。この手紙の中で「一去の後、再面期しがたし」と述べ、「此生《ししょう》と他生《たしょう》と、形を異にするも心同じ。願わくは共に法を弘めて生を利し、同じく覚台に遊ばんことを」とあるのをみれば、これは永遠《とわ》の別れを告げる手紙でもあったのでしょう。

それにしても、文中で「嗟呼、俗にあって道を障ぐること、妻子もっとも甚し。道家の重累は弟子、これ魔なり。弟子の愛を絶って国家の粒を却けんには如かず」とは、いまもむかしも変わらぬ絶ちがたき恩愛の厚ききずなの悲しみであります。弘法大師の弟子に対する憐憫の情のいかに深かったかは、たとえば、病を得てなおも遍歴の修道を続ける真泰に送った幾通かの手紙からもうかがえます。

書を得て、患《わずら》うところ未だ平《たいらか》ならざることを委《つぶさ》にす。憂愁《うれい》何ぞ極まらん。頭痛および舌の爛《ただ》るるは熱の候《きざし》なり。呵気《かき》を用いて治《じ》すれば、便《すなわ》ち除くなり。また冷熱調《ととの》わざるは、薑豉《きょうし》湯《とう》を服せば除《のぞ》くことを得ん。因《よ》って、馳《は》せて母薑《ぼきょう》、豉《し》、呵梨勒《かりろく》等の薬を送る。早く湯と作《な》して、これを服せよ。稍《やや》、平復することを得ば、早く房に帰って相憶《そうおく》の情《こころ》を慰せよ。不多。空海報《しる》す。

六月二十三日

泰金剛省

まるで、親が子の病気を憂える手紙ではありませんか。ちなみに末尾の「省」は本来、問候を意味し、弟子にあてた書簡での脇付の語であります。師のことばに従わず、あえてなおも修行を続ける真泰に、再び弘法大師は手紙を送ります。

滝を下るの後、真泉・安太、薬物米塩を持して竜門の瀑水《ばくすい》に到るも、在らず。追い覓《もと》むれども遇《あ》わずして帰る。その後、更に言帯を差してまさに南のかたに入り尋ね求むれども、総《すべ》て見《まみ》えず。今聞く、跣裸《せんら》にして長谷《はせ》より披出《ひしゅつ》すと。衣薬等を持せしめて馳《は》せ送る。苦行久しくすべからず。宜しく早く使に附して房に帰るべし。持誦の時到らば、須臾《しゅゆ》に入って遅滞《ちたい》せざれ。空海報《しる》す。

八月五日

泰金剛子

病をおして、しかも素足、裸も同然の姿で山林修行に励む弟子の身を案ずる大師のこころが、よくしのばれる手紙です。

その大師のこころをもっとも強く悲しませたのは、弟子智泉の入寂でした。愛弟子の柩を前にして、大師の頬には、とめどもなく涙が伝わり落ちたに違いありません。亡き智泉への追悼文の一節が、そのことを予想せしめます。

豈図《あにはか》りきや、棺槨《かんかく》を吾が車に請《こ》うて、慟《いた》みあることを吾が懐《おも》いに感ぜしめんとは。哀れなるかな、哀れなるかな、哀れなる中にも哀れなり。悲しいかな、悲しいかな、悲しみの中の悲しみなり。覚《さと》りの朝《あした》には夢虎《ぼうこ》なく、悟《さと》りの日には幻象《げんぞう》なしといえども、しかれどもなお、夢夜《ぼうや》の別れ不覚の涙に忍びず。巨壑半《きょがくなか》ば渡って片檝《へんしゅう》たちまちに折れ、大虚《たいこ》未だ凌《しの》がざるに一翎《いられい》たちまちに摧《くだ》く。哀れなるかな、哀れなるかな、また哀れなるかな。悲しいかな、悲しいかな、重ねて悲しいかな。

生死のきずなは夢か幻のように、はかない仮の現象にすぎぬと達観してはいても、しかもなお、志なかばで倒れた若き智泉との夢夜の別離に、不覚の涙を禁じえぬ大師のすがたを、われわれはありありと見ることができましょう。それは大師がつねにたてまえだけを説く孤高の人でなかったことの証左ともいえましょう。

弘法大師空海を評して「虚しく往きて実《みち》て帰れる」人とよくいわれます。そして生涯の一瞬一刹那がすべて完全で、人間的な弱点というもののまったくない人ともいわれます。しかし、たとえそうであっても、常にたてまえだけを論じ、冷たく行ないすましていたのではけっしてないのです。

次の手紙も、宛名も日付もありませんが、実に現実的な指針を与えているという点で、きわめて特異な書簡ということができます。

先後の二書を開きて、具《つぶさ》に意《こころ》を覚《さと》りぬ、況《いわ》んや驚憂《きょうゆう》やまず。これを往古に聞き、これを今時に見るに、未だ廉潔《れんけつ》の士、能《よ》くその屋《おく》を潤し、直諌《ちょくかん》の人《にん》、能くその身を栄やす者あらず。然れども、なお義を守る者は受けず。道《どう》に順《したが》う者は正諌《しょうかん》するのみ。夫《そ》れ忠諌《ちゅうかん》して身を喪《ほろぼ》すと、面柔《めんじゅう》にして物を利すると、この二者は誰《いずれ》をか捨て、誰をか取らん。取捨《しゅしゃ》の間《えらび》は人心の趣くところならくのみ。骨肉の親といえども、なお身を喪し、門を喪す。何《いか》に況んや、疎遠《そえん》においておや。直諌の貴ぶところは、蓋《けだ》しその悪を変じてその善に順うにあるか。また大士《だいし》の用心《ゆうじん》は同事これを貴ぶ。聖人の所為《しょい》も、光を和《やわら》げ物を利す。且《しばら》くその塵に同じて、その足を濯《すす》がんには若《し》かず。もし流蕩して遂に還《かえ》らず、諷《いさめ》を聞いて疾《にく》むこと敵のごとくならしめば、彼《ひ》己《き》に益なくして現未《げんみ》に損《そこな》いあり。豈《あに》、翼《つばさ》を奮《ふる》って高く翔《かけ》り、鱗《うろこ》を払って遠く逝《ゆ》くに若かんや。もし公《きみ》、衣《ころも》を払って隠遁《いんとん》し、簪《かんざし》を投じて志《こころ》を逸《やす》んずること能わずんば、託《たく》するに疾病《しっぺい》を以てし、以て外官《げかん》を覓《もと》めんのみ。取捨《しゅしゃ》、去就《きょしゅう》、その義かくのごとし。これを察せよ。これを察せよ。

これは、ある官吏が主君ないしは上司に対して諫言を行なったものの、真意が伝わらないままに窮地に陥ったことに対する身の処し方を示しているもので、現代語訳にしてみましょう。

前後の二通の手紙を拝見して、あなたの意中の悩みもよくわかりました。ことの次第に驚き、はなはだ憂慮しております。むかしを顧みても、またいまの世の中を見渡してみても、いまだかつて清廉潔白の人で財をなした者はないのだし、主君や上司に対してことの是非善悪を忌《き》憚《たん》なく述べて諫めた人で、その身の栄達を遂げた者もいません。しかしながら、それでもなお正義を守る者は、よこしまな金品は受けないのだし、道を重んじてこれに従う者は正しく諫めるほかはないのです。真心で諫めてわが身の栄達を失うことと、面前で媚びへつらってわが身のためをはかることと、いったいこの二つはいずれを捨て、いずれを取るべきでありましょうか。取捨の選択は人それぞれの考えにもよりましょう。たとえ骨肉を分けた親であってさえ、一族を滅ぼすこともございます。ましてや血のつながりのない疎遠な者に対してはなおさらのことです。直言をもって戒めることの意義は、その悪を改めさせて善に従わせることにありましょう。かくてまた菩薩の心すべきことは衆生と苦楽をともにして、これを導き救うということにあり、このことこそが大切なのであります。聖者の所行もその才智を隠して万人を利するものでなければならず、しばらくは俗世の塵に染まり、あとで足を洗うということにしたことはないのです。いわゆる和《わ》光《こう》同《どう》塵《じん》であります。しかし、たとえ諫めてみてもその悪行をいっこうに改めず、かえって諫言したことに対して怒りをなし、敵意を抱くようであるならば、諫言した人も諫言された人も、ともに無益であり、現在と未来とにわたって、ただ損失があるのみです。もしそうなら、翼をふるって高く飛び、鱗をふるって遠く去るにこしたことはありますまい。しかし、もしもあなたが官衣を脱ぎすてて隠退し、官吏を辞して心安んずることができないとするならば、病気にことよせて地方官として都を立ち去るほかはありますまい。いずれを取り、いずれを捨てるべきか。いずれを去り、いずれにつくべきか、その道は二つに一つでありましょう。このこと、くれぐれも御賢察なさり、行動なさいますように。

この教誡に大師の妥協的な一面をよみとる人がいるかもしれません。あるいはまた、こうした考えに、ものごとの本質を鋭く問いつめる純粋さの欠如を見る人もあるかもしれません。しかし、現実に即した道を示したこの手紙は、いかにも弘法大師空海の人間像の一端をかいまみせているといえるのではないでしょうか。

伝教大師と弘法大師の交渉

伝教大師の入唐求法

ここでは、伝教大師と弘法大師の交わりの軌跡をたどりながら、両大師の人と思想の一端に触れてみたいと思います。いうまでもなく、両大師はわが国の平安仏教を代表する方であり、奈良期の学問仏教から鎌倉期の信仰仏教への橋渡しをなさった仏教者でもあります。鎌倉期の新仏教を樹立した人びとの多くが叡山の出身であった事実、あるいは今なお全国に見られる大師信仰の実態などからみて、両大師の宗教は現になお人びとの間に息づいているといえます。

伝教大師最澄は、ご存じのように、近江国滋賀郡古市郷の出身で、先祖は後漢の孝献帝の後裔といわれておりますように、渡来系の一族の生まれです。幼少の頃、抜群の学力を発揮し、村邑小学では教師にしようとしたとも伝えられ、また早くから仏道に志したともいわれていま す。しかし、なぜ出家をされたかについては、はっきりしていないようで、当時の感覚から申しますと、僧侶になるということは、実は自由な知識人として生きることでもあったといわれております。

事実、その頃の政界あるいは官僚の世界は旧来の豪族、旧家にかわって、新しい氏族なかんずく藤原氏などの特定の門閥によって牛耳られていました。そういう官界において汲々とするよりは、自由な仏教界に身を投ずることのほうが、少なくとも門地に属さない人びとにとっては、将来により一層の有望性を期待しえたと思われます。これははなはだ俗っぽい言い方ですが、そういうことが一般的には言いえようかと思います。因みに、伝教大師の生まれた家の戸主三津首浄足《みつのおびときよたり》は正八位下という位階で、いわば地方の下級官吏に相当するものでした。

近江の国師であった行表について仏教を学び、近江国分寺僧最寂の死欠をおぎなって出家得度した伝教大師は、延暦四年（七八五）に東大寺戒壇院で具足戒を受けた後は、自らの意志によって平城京を出て比叡山にこもり、いわゆるエリートコースの外に身を置き、道を別に求めます。一つには本寺である近江国分寺の焼失によることとはいえ、それはまさしく、桓武天皇が奈良の旧都を捨てて、都を長岡に移した時期と一致しており、伝教大師と桓武帝との関係、あるいは南都仏教との対立を予告する象徴的なことのように思われます。いずれにせよ、しかし、外といい、別というも、それは所詮われわれ俗人の見方であって、伝教大師自身の立場からすれば、その道こそ純粋に内的なものであったわけです。その深く厳しい自己反省にもとづく求道の意趣を端的に表明したのが、かの有名な『願文』です。

他方、弘法大師空海は伝教大師より七歳年少ですが、讃岐国多度郡方田郷の出身で、かつての国造の系統を引く佐伯直の家に生まれました。その戸主は正六位上でありましたから、ストレートには大学にも入ることのできないほどの家柄であったことになります。当時、大学に入りうるものは、戸主が五位以上の子弟か、東西の史部《やまとかわち ふひとべ》の子弟に限られていましたが、それにもかかわらず弘法大師が十八歳で大学明経科に入学したのは、学令の「若し八位以上の子、請願せば聴《ゆる》せ」という附則によるものでした。大学でも、特に明経科は官吏になるための主要なコースでした。しかし、いかに優秀な成績で官吏登庸試験に合格したとしても、門地に属さない人びとが生涯かかって登りうるのは、せいぜい六位か五位どまりの中級官僚にすぎませんでした。しかも、当時の大学はすでに官吏養成の機関であって、真理を求める自由な思索など、思いも及ばぬことでした。そこでは為政者の意志にそう儒教一辺倒の教育が行なわれ、教科書も注釈書もすべて所定のもののみが使用されていたのです。

しかし、すでに奈良末期の思想界は必ずしも儒教一色ではありませんでした。むしろ仏教思想の優位性を説く人びとのほうが多く、大方の趨勢であったように思われます。たとえば吉備真備が私的教育機関として創立した二教院は、儒教と仏教をあわせ教えたものと思われますし、石上宅嗣《いそのかみやかつぐ》は公開図書館ないしは研究所として芸亭院《うんていいん》を建てますが、彼らはともに仏教思想の優位性を主張していたことが知られています。

若き大師もまた、そういう思潮の中で仏教に心を傾け、大学における学問が古人の糟粕にすぎないと感ずるようになってきます。もっとも、旧態依然とした学問を古人の糟粕とみるのはすでに『荘子』にも見えているところですが、真理の世界を求めて学窓を去り、仏教界に身を投じた人びとも他に幾人かはいたようであります。たとえば奈良時代の戒律の権威者とうたわれた釈道融もその一人です。若くして大学に進み、とりわけ詩文にすぐれていましたが、母の逝去により寺に籠って服喪をいたします。その寺でたまたま『法華経』を読んだことから、「周孔は糟粕なり」として仏教の説く真理の世界に心惹かれ出家したことが、『懐風藻』という奈良時代の漢詩集に記されております。

弘法大師空海もまた、真の福田を求めて大学を去り、山林修行の優婆塞となります。忠孝の道にもとるという親類縁者の反対を押しきり、自らの意志によって、人生の順調なコースを敢えて放棄してまで別の道を歩んだ点では、伝教大師と共通したものがあります。弘法大師が二十四歳のときに書かれた『聾瞽指帰』、これは後にその序文と結頌とを書き改めて『三教指帰』となりますが、この処女作はいわば大師の出家宣言の書ともいうべきものです。

両大師は、ともに新しい傾向の仏教を求めた点でも共通点をもっています。伝教大師は法華一乗にもとづく天台の教えに仏教の真髄を見出し、弘法大師は新しい真言密教こそ仏教の精要、成仏の径路とみて、ともに自らの目指す法を求めて入唐留学します。ただ両大師の入唐に至る経緯についてはかなり違った趣きをみせています。

当時すでに天皇の侍僧ともいうべき内供奉《ないぐぶ》であった伝教大師の入唐は、その資格も請益僧《しんえきそう》として、延暦二十一年（八〇二）に決定をみておりましたし、通訳として沙弥の義真や従者の丹福成などを同伴することも許されていました。請益僧とは一流の大家が短期間自らの専門分野の学問を大成するために留学するもので、還学僧とも呼ばれます。すでに延暦十七年以来、比叡山や高雄山で法華十講といういわば法華学会を南都の学僧らの参加のもとに何度か開催して令名を馳せていた伝教大師は、和気広世などの外護があったとはいえ、当代一流の仏教者として桓武天皇の期待を一身に受けての渡海でありました。

藤原葛野麻呂を大使とする第十六次の遣唐船団が伝教大師らを乗せて難波の港を出帆したのは延暦二十二年四月十六日でした。しかし、港を出てその月の二十一日には嵐に遭い、幾艘かの船は破損し、多くの人びとが海底の藻屑と消えてしまいます。やむなく遣唐使節の渡航は一旦中止され、船舶の修復と漂流物や留学生などの人員の補充が行なわれます。確実にそうだとは言い切れませんが、しかし弘法大師空海の入唐留学が決定したのは、この人員補充によるものではなかったかと思われます。弘法大師は今まさに得度と受戒をおえたばかりの名もなき青年僧にすぎませんでした。その弘法大師がなぜか最も安全度の高い藤原大使の第一船に乗り、伝教大師は副使の石川道益の第二船に乗船されて、肥前の田浦を出帆いたします。時に延暦二十三年（八〇四）七月六日。伝教大師の乗る第二船は七月二十五日以前には明州鄮県に到着することができました。七月二十五日には石川副使が明州で亡くなっていることが承和五年に入唐留学した円仁の旅行記である『入唐求法巡礼行記』のなかに書きとめられておりますから、第二船が九月一日に明州に着いたとする従来の通説は改められなければなりません。九月一日は、判官の菅原清公が亡き副使の代行として、一行二十七人とともに明州から長安へ出発した日時です。伝教大師も航海の疲れもあってか病にかかり、暫くの間、明州で静養をしますが、病の癒えるのを待ちかねたように、九月十五日には自らの目指す天台山へと一目散に求法の旅に向かいます。それ以後、翌年五月中旬に唐地を離れて帰国の船に乗るまでの八か月間というものは、掻首の暇もないほどに、天台止観や禅の法門を学び、菩薩戒を受け、また経論などの資料の蒐集書写に明けくれる毎日でした。また中国天台の第一人者、道邃などから天台宗未決義の決択もえて、伝教大師にとってはほぼ入唐の目的は達せられていたのであります。

帰国の船を待つわずかな合間を利用して越州に赴いたのは、なお台州で蒐集しえなかった典籍を求めてのことであったのですが、そこで思いもかけぬ密教を学んで帰ることになるのです。伝教大師の中国における留学の足跡は、長安の都からは遥かに離れた明州や台州、越州といった辺境の地ではあったものの、ただひたすらに自らの目指す対象にのみ焦点をしぼり、遮二無二その目的のみを追い求める一途な求法の歩みであったことがわかります。そして、この真摯な一途さは伝教大師の全生涯を通じてみられる特長の一つでもありますが、時にそれは、なりふりかまわぬ愚直なまでの一途さといわれることがあるように、あまりにも求心的であり、直線的でありすぎたようにも思われます。のちに弘法大師に対して真言密教の受法を求める場合にも、あるいは比叡山に大乗戒壇を設立せしめるときの行動にも、たしかにこうした傾向が色濃く感じられますが、しかしそれはまた、伝教大師の確信にみちた強い意志の表われといえないこともありますまい。

両大師の交渉の推移

他方、弘法大師空海の歩みはどうであったか、こちらはかなり遠心的な廻り道をしているように見受けられます。事実、八月十日に九死に一生を得て福州長渓県に漂着した大使一行は、国書をもたないことから遣唐使船であることを疑われますが、このとき大使にかわって福州の長官に書状をしたため、遣唐使節としての面目をほどこしたのが留学僧の空海でした。それ以来、大使一行が長安の都を離れるまで、つねに藤原大使と行動をともにいたします。本来の使命であった留学生活にかえるのは、翌年、遣唐使節の一行が長安を後にした二月中旬のことでした。

伝教大師と異なって、二十年の長期留学を期していた弘法大師でありましたから、気持のうえでも多少のゆとりはありましたろうが、しかしその学習はただ自らの求める真言密教にのみ限るものではありませんでした。まずサンスクリットの勉強から始めたというのは、ある意味では密教受法のためには必須のことであったでしょうが、単にサンスクリットのみならず、インドの哲学、宗教を学び、さらには中国の詩文、書といった分野まで、実に幅広い文化の吸収につとめます。そして青竜寺東塔院の恵果和尚について密教を伝受されたのは、長安の都に入って半年後のことでした。

遠心的な拡がりと包擁性を示す弘法大師の行動は、一見遠い廻り道を歩むかにみえて、その実、結果的にはすべて寸分の無駄なく行なわれているところに、大きな特長を見出すことができようかと思います。こうした行動を、計算されつくした妥協の歩みと受けとる人びとがないわけではありませんし、そこに妥協を知らない高潔な伝教大師との違いを読みとろうとする人びともありましょう。そうした評価がはたして正鵠を射ているかどうかは別として、伝教大師と弘法大師の人と思想の特質は、求心的な一途さと遠心的な包擁性に象徴されていると見ることもできようかと思われます。

この両大師の直接の交わりは帰朝後のことであります。当初二十年間の留学を志していた弘法大師も、師主恵果の入滅もあって、大同元年（八〇六）初冬に帰国するのですが、都に入ることを許されますのは大同四年七月です。その頃から伝教大師はしばしば手紙を寄せて、弘法大師に対して新将来の密教経論の借用と密教受法を熱心に懇請しつづけます。伝教大師から弘法大師にあてた手紙は現在二十五通が伝えられておりますが、そのほぼ半数は経典類の借覧を依頼したものか、その返還にかかわるものであります。帰朝後、いちはやく当時、有名無実であった南都の六宗に伍して年分度者を置くことを願い出て、あわせて天台法華宗の独立をも認められた伝教大師は、その年分度者の学ぶべきコースとして、天台教学を専攻する止観業と密教を学ぶ遮那業を設けました。この場合の「業」とはコース（課程）を意味します。越州で順暁から密教を受けたとはいえ、伝教大師にとってみれば、それはあくまでも二次的な受法であり、しかもその密教は空海の受けたそれとはまったく異なった三部三昧耶のみのもので、完全なものではありませんでした。したがって遮那業の整備とその年分学生の教育のためには、どうしても弘法大師の助力をまたざるを得なかったわけであります。

大同四年から弘仁三年（八一二）にかけての両大師の交わりは、きわめて友好的なものでありました。かつて弘法大師は伝教大師からの書状にこたえて、ともに新しい仏教のありようについて相談することを提唱しています。旧仏教をも含めて、あらゆる形態の仏教が仏一乗に融合帰納することが必要であり、また可能であるとみる点では、両大師の考えは同一であったと思われます。伝教大師もまた弘法大師に宛てた手紙の中で、「遮那宗と天台とはともに融通し、疏宗もまた同じ」といい、天台一乗の旨は真言と異なることなしとも言って、天台・真言両宗の提携を申し出てもいます。たしかに天台宗の特徴として、綜合性と融通性をあげることができましょう。たとえば、『大日経』の注釈には、かつて荊州玉泉寺で天台を学んだ一行禅師の見解がかなり混入していて、天台と真言との融合思想が認められますし、智顗の『法華文句』巻九下などにも天台止観と真言とが義理を異にするものでないことが示唆されています。だから、伝教大師が天台法華宗の修学コースに必ずしも新しい思想でない法華経や止観のほかに、斬新な真言密教のコースを併設したことは、それほど奇異なことではなかったのです。しかし残念ながら伝教大師自身はその綜合性と融通性を体系化した理論の構築をみないまま、弘仁十三年（八二二）六月に入滅します。

他方、弘法大師は弘仁三年秋には自らもたらした真言の教法をすべて最澄阿闍梨に付嘱することを口約し、その第一歩が同年暮に高雄山で行なわれた両部の灌頂であったわけですが、それ以上の授法が行なわれた形迹は認められません。失望した伝教大師は若干の弟子を弘法大師のもとに残して、自らは比叡山に帰り、天台宗のことに専念します。このいわば契約違反ともいうべき事態は、真言密教の修学受法に対する両大師の見解の相違に起因するものと思われます。

伝教大師にとって畢生の大業はいくつかあげることができますが、その一つは比叡山における一切経蔵の整備でした。いわば仏教研究のための経典論書の充実でありまして、すでに早くから、東国の化主と呼ばれた道忠門下の人びとの助力などを得て、一切経の書写につとめていました。道忠は鑑真のこよなき弟子の一人でありましたから、鑑真一行によってはじめてわが国にもたらされた天台の典籍なども、あるいは道忠を介してその在りかを知りえたのかもしれません。

いまの伝教大師にとってもっとも必要で緊急なことは、弘法大師によって新しく請来された密教関係の資料をすべて写し取って、これを叡山の経蔵に備えることでした。弘仁四年（八一三）正月十八日の弘法大師に宛てた手紙の中で、伝教大師はそのことを明白に表明しています。すなわち、「最澄住持《じゅうじ》の念《おもい》、寝食も忘れず。惟《おも》うに形迹《けいじゃく》せざれ。但《ただ》、最澄の意趣は御書等を写すべきのみ。目録によって皆悉く写し取り了《おわ》んぬれば、即ち持して彼の院に向かい、一度聴学せん。此の院にして写し取ること穏便《おんびん》あり。彼の院に食を上《のぼ》すこと太《はなは》だ難《かた》く、写し取るに由なし。伏して乞う。吾が大師、奸心《かんしん》を用い、盗みて御書を写し取り、慢心を発《おこ》すと疑うことなかれ。泰範仏子に随って意を申《の》ぶ。写すところの本は好便借与せられよ。小弟子、越三昧《おっさんまい》の心を発《おこ》さず。委曲の志《こころ》、具《つぶさ》に泰範仏子に知らしむ」云々とあります。

この手紙で「目録」とあるのは、弘法大師が帰朝後直ちに朝廷に提出した留学成果の報告書である「請来目録」を指しています。どのような手続きを経てのことかはわかりませんが、伝教大師はこの目録をいちはやく写し取って手許に備え、密教経論の書写読誦の便に供しました。この手紙にもありますように、伝教大師の意図するところは、まず弘法大師が中国からもたらした密教の経論をことごとく写し取って、これを比叡山の経蔵に備えつけて、教育と研究の便に資することにあったのです。そのことは、伝教大師にとってみれば、年分学生の遮那業の教育体制を確立するためにはもっとも緊急を要する事業であったのですが、弘法大師には、真言密教の修学は単に経典論書を読解することで良しとするものではなく、如法に実修することこそ肝要だという考えがありました。

そのためには、伝法の阿闍梨から真言の大法を心を以て心に伝える如法の伝授でなければならなかったのです。それに違反することを「越三昧耶《おつさんまや》」といいます。いわば真言密教の修道にとってもっとも重要なことは、師資の面授による如法の実践でなければならなかったのでありますす。伝教大師は自ら「越三昧の心を発さず」といい、「奸心を用い、盗みて御書を写し取る」のではないことを弁明しているのですが、ここにも、われわれは伝教大師の己が確信による求心的な一途さを、まざまざと見る思いがいたします。

弘法大師からの受法が思うにまかせぬために、時には外護者の一人でもあった藤原冬嗣の口添えを請うこともあったろうと思われます。九月十三日付の「忽ち枉書《おうしよ》を披《ひら》き、已《はなは》だ陶爾《うれい》を銷《け》す」の弘法大師の書簡が、そうしたことを類推せしめます。この書簡が弘仁二年のものという確証はないけれども、文中にみられる「左衛士督の尊書状」とは、冬嗣からの手紙とみて間違いありますまい。伝教大師から弘仁三年十一月十九日に灌頂の資具の援助を乞うた「左衛士府藤朝臣督」宛ての書状も残っていますが、いまの「左衛士督の尊書状」の内容がどのようなものであったのか、もとより知りうべくもありません。しかし、「迫るに法縁をもってし、暫く談披を闕く。この法期を過ぐれば披雲せん」とあるところからすれば、両大師が面談してはかるべきことがら、つまり遮那業の確立にかかわることであったかもしれません。当時、比叡山では「この頃、寺に犯悩《はんのう》繁《しばしば》多く、諸房の近事《ごんじ》、童子《どうじ》、諸師は恨《うらみ》を懐《いだ》いて壮言す」といったありさまで、不協和音が目立つようになっていました。このような紛争が何に起因したのかはわかりませんが、伝教大師がもっとも信頼をよせていた泰範がまずこの争いの渦中にまきこまれていいます。その泰範は遂に「泰範、常に戒を破りて意《こころ》に行ない、徒らに清浄衆を穢す」として、近江高島に身を退いています。伝教大師はしばしば慰留の書状を送り、比叡山への帰山をすすめますが、遂に泰範は応じませんでした。

弘仁二年十月下旬には、弘法大師も高雄山から長岡の乙訓寺に移住しておられます。その移住は嵯峨天皇の配慮によるものといわれますが、このときの太政官符には、移住の理由として高雄山が不便な場所にあること、乙訓寺の別当としてその修築に当らせることなどがあげられています。事実、弘法大師から僧綱の一人にあてて乙訓寺の伽藍修理を請うた書状も残っておりますが、当時の乙訓寺の荒廃ぶりは「堂漏《あまも》って尊容《そんよう》を汚湿《おしつ》し、墻《かき》倒れて人畜を遮《さえぎ》らず」というありさまでした。しかもこの寺は、かつて藤原種継暗殺事件に連坐したとして捕えられた早《さ》良《わら》親王が幽閉されたところでもあります。この事件は、大伴氏や佐伯氏が中心となって皇太子早良親王を擁立して、新しい朝廷の樹立をはかろうとした策動であったといわれますが、肉弟を死に追いやった桓武天皇はもとより、その皇子の平城、嵯峨の二帝の身のうえにも、この悲惨な事件はながく暗い翳《かげ》をおとすことになるのであります。あるいは大師の乙訓寺移住も、嵯峨天皇の心中に早良親王の鎮魂のおもいがあってのことであったかもしれません。

弘仁三年の夏、伝教大師は病の床につかれます。一時は余程悪かったのでしょうか。五月八日には遺言状をしたためて、泰範を叡山の総別当兼文書司師に任じ、円澄を伝法座主に定めています。この遺言状が、のちに伝教大師なき後の後継者をめぐる争いの一因にもなるのですが、このときも泰範は帰山していません。伝教大師がもっとも意を注いだ一切経蔵の別当には沙弥孝融があてられ、雑文書別当には近士の壬生雄成が任ぜられています。なかでも雑文書ならびに道具の類いは三年間経蔵から持ち出すことを禁じております。のちに伝教大師の手足となって大乗戒壇設立に奔走する光定は、この年四月十一日に東大寺戒壇院で具足戒を受け、このときには、なお東大寺の景深のもとで所定の一夏《いちげ》の律学を修めておりました。

幸いにして、伝教大師は間もなく快復に向かわれます。病も完全に癒えた九月には、弟子の光定を伴って住吉神社に赴き、渡海のおりの誓願をはたしておりますが、その前月の八月中旬には弘法大師から授法を承知する旨の書状がとどけられていたのです。伝教大師は早速、乙訓寺の弘法大師に謝礼の返書を送り、あわせて天台・真言両宗の提携を申し入れました。次の書簡がそれであります。

辱《かたじけな》くも金札《きんさつ》を枉《ま》げられ、伝法《でんぽう》の旨《むね》を告《つ》げらる。歓《よろこ》ばしき哉《かな》、先期を忘れず。今に膠漆《こうしつ》を存《たも》つ。両家《りょうけ》の伝方《でんぽう》、朝夕慮《ちょうせきおも》いとす。今、高計《こうけい》を承《う》け、仰《あお》ぎ憑《たの》むこと極《きわ》まりなし。しかるに今、人々の心、教導すること甚だ難《かた》く、また官の試《し》するところ相応《そうおう》甚だ難《かた》し。ただ遮那宗《しゃなしゅう》と天台《てんだい》とは与《とも》に融通《ゆうずう》し、疏宗《そしゅう》もまた同じ。誠に須《すべから》く彼此《ひし》志《こころ》を同じくして、倶《とも》にかの人を覓《もと》むべし。豈《あに》、愛憎《あいぞう》の情《こころ》あらんや。法華《ほっけ》・金光明《こんこうみょう》は先帝（桓武）の御願《ごがん》なり。また一乗《いちじょう》の旨《むね》、真言《しんごん》と異《こと》なることなし。伏《ふ》して乞《こ》う、遮那《しゃな》を覓むるの機《き》は年々相計《あいはか》り、伝通《でんずう》せしめんことを。委曲《いきょく》の状、十の一二、具《つぶさ》に陳上せん。惟《おも》うに留意して相待たれよ。弟子老僧最澄和南《わなん》。

弘仁三年八月十九日　　東山資《とうざんのし》最澄状上

西山遍《せいざんのへん》　照闍梨《じょうじゃり》侍者謹空《きんくう》

西山とは東の比叡山に対するもので、長岡の乙訓寺をさします。文末の「十の一二」は写本によって「十の一三」とするものもありますが、いずれにしても文脈上、読みがたいものです。あるいは別の書状にもみられる「大三」の誤写かもしれません。大三は伝教大師の使者をつとめた近士の一人です。

伝教大師が「今、人々の心、教導すること甚だ難し」と慨歎していられるのは、叡山における実状と伝教大師の苦衷をよくあらわしています。内紛で山を降ったものは、何も泰範一人ではなかったようです。天台法華宗の年分度者として得度をうけたものたちも、多くは山を降りて奈良の法相宗に身をよせ、将来の身分の安定をはかろうとする動きもあったのです。こうした傾向に歯止めを加える目的で、のちに十二年山籠の修学が制定されるに至るのですが、伝教大師はまた「官の試《し》するところ相応甚だ難《かた》し」ともいっています。この官試とは、いうまでもなく僧綱所で行なわれる年分度者のための試験をさしています。その試験制度は、私度僧の禁止と出家者の質的向上をはかるために、大学での試験制度をそのまま適用したものであったのですが、智行ともに勝れ、かねて漢音を習学して僧たるにふさわしい人に試験十問を科し、五問以上の正解者に限って、得度を許したのです。

いまの伝教大師の歎きは、その試験制度および試験の内容が必ずしも適切なものとはいえないということにあります。伝教大師の弟子光定なども、この年分度試のために十か月ばかりの受験勉強を行なっているほどです。殊に漢音の学習のためには、大学に聴講して、音博士高貞門継について修練したと自ら書きのこしています。専門科目の試験は七大寺の名徳が行なったのですが、漢音の試験は大学の音博士が僧綱所に出むいて行なっていたのです。だから、光定はもっとも効率のよい勉強をしていたということになりましょう。

「遮那宗と天台とは与に融通」するというのは、伝教大師の常にかわらぬ見解でありました。その確信が『大日経』の注釈や智顗の所論などから得られたであろうことは、すでに述べたとおりであります。なかでも天台義をあわせもつ『大日経疏』の教旨は「横に一切の仏教を統べる」ものであり、それ自体、綜合性を有する『法華経』の性格とともに、こうした経論にもとづく伝教大師の思想的立場は、当然ながら綜合性と融通性を有するものであったのです。そして、この綜合性と融通性を目指す点では、弘法大師もまったく同じ立場であったことも、さきに述べたとおりです。事実、弘法大師もまた伝教大師に手紙を送り、室生の修円をもまじえて、新仏教のありようについて相はかり、ともに同じ旗じるしをかかげて仏の恩徳にむくいたい旨を提言しているのです。「風信帖」の第一通がそれであります。弘法大師が「蹔くこの院に降赴せられんことを」望んだ「この院」とは、おそらく長岡の乙訓寺であったでしょう。

その乙訓寺に伝教大師が光定とともに訪れたのは、弘仁三年十月二十七日でありました。十月初旬には、伝教大師は光定を伴って奈良山階寺《やましなでら》（興福寺）の維摩会に参列し、このとき法相の学匠泰演や明徳などにもまみえて、西大寺に宿泊しておられるのです。のちに伝教大師や光定は、彼ら法相の論客たちと熾烈な教義論争をくりひろげることになるのですが、このときにはきわめて友好的な扱いをうけています。しかし弘仁四年以降は事情が一変してしまいます。

桓武天皇の皇子で、伝教大師の外護者であった良岑安世《よしみねのやすよ》は、かつて弘法大師に書状を送り、伝教大師のために密典の借与を促したことがありました。この返書のなかで、弘法大師は「古人は道を学んで利を謀《はか》らず。今の人は書を読むも、ただ名と財となり」といい、またある人に宛てて密教受法の要諦を示した手紙の中でも、「古人は道のために道を求む。今の人は名利のために求む」と書き送っています。これなども、単に経論の書写のみに汲々として、説のごとく修行し、理のごとく思惟する実修を行なわない人びとへの教誡であったといえましょう。

従来、一般に伝教大師に宛てて理趣釈経の借覧を拒絶した書状とされている「叡山の澄法師、理趣釈経を求むるに答うる書」（『性霊集』巻十）もまた、密教求道の真意を説いたもので、そこでも「秘蔵の奥旨は文を得ることを貴しとせず。ただ心を以て心に伝うるにあるのみ。文はこれ糟粕、文はこれ瓦礫なり。糟粕瓦礫を受くれば、則ち粋実至実を失う」といい、「また古人は道のために道を求む。今の人は名利のために求む。名のために求むるは求道の志《こころ》にあらず。求道の志は己を道法に忘るるにあり」とも説いています。伝教大師はこうした弘法大師の受法態度に対して、のちに「新来の真言家は則ち筆授の相承を泯ず」と批判しましたけれども、両大師の密教に対する見解の相違はやがて両者の訣別を余儀なくするに至るのであります。

対蹠的な両大師の生きかた

弘仁七年（八一六）以降の伝教大師は、徳一を代表とする法相宗との論争で自らの思想的立場を明らかにし、弘仁九年からは、独自の時機相応の歴史観と菩薩を重視する人間観にもとづいて、比叡山における大乗戒壇独立の運動に全精力を傾けます。伝教大師の考えからすれば、わが国の出家者がなべて大乗の菩薩僧になることによって、はじめて日本の国家は安泰になり得るということでありました。そのためには、東大寺戒壇院で現に行なわれている四分律にもとづく小乗の戒律を破棄し、大乗の菩薩戒によることの必要性を強調したのです。

当時の律令制における出家は、僧綱所の行なう試験に合格することが必要でした。すべての寺院、僧尼は僧綱所―玄蕃寮―治部省――太政官という国家の行政機構のもとに統制されていたわけですが、伝教大師の意図は比叡山における年分学生の教育および得度・受戒を、この国家統制の枠外におき、叡山独自のカリキュラムによる教育と得度受戒を行ない、それを国家が追認するというものであったようです。これは明らかに当時の律令に違反するもので、南都七大寺や僧綱所の強い反対にあったのも、蓋し当然のことでありました。

比叡山寺を一向大乗寺となし、大乗戒壇を設けるための運動には、弟子の光定が懸命の奔走をしたようです。時には伝教大師は光定の強引とも思えるやり方に引きずられた節も見うけられますが、そのやり方もまた、当時の行政機構や制度をまったく無視して、国師、僧綱所などの行政機関を通すことなく、良岑安世、藤原冬嗣などを介して、直接、天皇に直訴するといった、いわば求心的一途さの目立つものでありました。かくて叡山と南都仏教との対立はいよいよ厳しいものになってきます。自らの信念のためには敢えて対立すらも避けることなく、一途に目標へ向かって孤軍奮闘する伝教大師の姿に対して、これを愚直なまでの一途さというつもりは毛頭ありません。愚直どころか、伝教大師はかつての天台法華宗の別立に際しても、また大乗戒壇独立に当たっても、つねに学生の将来の進路への配慮を行なっているのであり、その意味ではきわめて現実的であります。

その意味からすれば、弘法大師によって設立された私立の教育機関「綜藝種智院」では、教育の機会均等を実行し、教育の普遍性と中立性を確立し、学生への完全給付制を実施することで、真理を追求する理想的な教育機関となり得てはいるものの、学生の将来の進路についてはまったく触れられていません。教育の目的を「生死を伊陀（此岸）に断じ、涅槃を蜜多（彼岸）に証すること、これを棄ててなんぞ」とし、「身を立つるの要、国を治むるの道」も、この理想的な教育によってはじめて可能となりうるといいながらも、伝教大師の「山家学生式」にみられるような国家の追認も、藤原冬嗣の勧学院におけるごとき任官の道も、この「綜藝種智院式」のなかには講じられてはいません。それのみをもって、この教育が現実性をもたないというるかどうかは、意見の分れるところでありましょう。ただわれわれは、少なくともこの教育理念のなかに、弘法大師の思想の綜合性と包括性を読みとることはできようかと思います。

伝教大師が古き小乗の戒律を否定し、これを捨て去ることで、あらたな菩薩戒による一向大乗の教法を創造確立されようとしたのは、弘法大師が早くから、「顕密の二戒、固く順守すべし」とする立場をとったのと対蹠的です。処女作の『三教指帰』から晩年の『秘蔵宝鑰』に至るまで、一貫して見られる弘法大師の立場は、たとえどのような教えであれ、すべては聖人賢者の所説であって、すべてがその存在の必然性をもち、したがってまた存在の意義と価値を有するゆえに、どのような思想体系もイデオロギーも、また、どのような宗教体系も、すべてその存在の意義と価値とをもっているわけであり、しかもそれぞれが自らの有する存在の意義と価値とを十二分に発揮しながらも、相互に対立拮抗することのないまろやかな世界、それこそが真の世界の在りようであるというのが、弘法大師の主張するマンダラの世界であります。

いま、きわめて多様化した価値観のもとで、平和共存の原理を求めようとすれば、必然的にわれわれはこうしたマンダラの精神に至りつかざるを得ないでありましょう。その意味で、弘法大師の思想は現代的意義をもちうると思うのです。現に弘法大師は入定の三か月前まで、生涯にわたって一度も一宗派《セクト》としての真言宗の独立を考えたことはなかったのであります。その期するところは、仏教の各宗を含めたあらゆる思想、すべての宗教の綜合的な融和の世界の実現でした。その理論的な構築は『秘密曼荼羅十住心論』において美事に結実しているのであります。

Ⅲ　その思想

弘法大師空海の教学と現代的意義

新たな世界観のパラダイム

わが国に仏教が伝来して、ほぼ千五百年になろうとしています。その長い歴史のなかで、仏教の果たした役割は実にはかり知れないものがあります。それは単に美術、建築、文学といった限られた文化の形成にとっての中核的要因となったばかりでなく、人びとの心のなかに深く滲透し、日本人のものの見方、考え方など、日々の生活自体にも大きな影響を与えてきたのです。それもただ単に精神面においてのみならず、広く政治・法律・経済の領域にも顕著な影響を与えているのであります。たとえば、聖徳太子に帰せられる十七条憲法そのものが、仏教的色彩を濃厚に反映していることは、よく知られていることです。さらに奈良・平安の時代には、政治面では、金光明最勝王会とか後七日御修法といった鎮護国家の祈りが、社会政策の一端として国家的規模で行なわれましたし、祈雨とか止雨の修法もまた、経済政策のもっとも有効な手だての一つであったのです。

しかし、現在では、こうしたいわば現世利益的な祈り、ないしは宗教儀礼は、一般に宗教が付随的に有していた呪術的側面としてとらえられ、宗教そのものの本質とは直接のつながりをもたないものとして、軽視されがちです。軽視というよりは、むしろ次元の低いもの、未開社会の名残りとして蔑視されているといった方が、より適切であろうと思われます。一部の宗教者たちは、人びとが自らの祈りに対して、その現実的な果報を期待するのを、偶像崇拝として排斥します。はたして、宗教にとって現世利益はまったく無縁のものでありましょうか。

弘法大師は唐都長安での留学を当初は二十年間と予定していたのですが、師主恵果和尚の遺命もあって、まる二か年の滞在で帰国することを決意いたしました。それは大師自身のことばをもってすれば、「十年の功、これを四運（一年間）に兼ね、三密の印、これを一心に貫」いたためであったのですが、なによりも大師をして、あえて闕期の罪を犯してまで早々の帰国を決意せしめたのは、「早く郷国に帰り、もって国家に奉り、天下に流布して、蒼生の福を増せ」という恵果和尚の遺命にあったのであります。「蒼生」とは民衆を意味しますから、大師の帰国決意は一にかかって、真言密教によるまことの社会福祉を増進するためであったといえましょう。そのために大師は、「会同の礼」をはたすべく、たまたま長安に急ぎ派遣されていた本国の使者、遣唐判官の高階真人遠成を通して、帰国の申請を行なったのです。『性霊集』巻五所収の「本国の使に与えて、共に帰らんことを請う啓」がそれであります。

この啓文のなかで、大師は自ら学び、かつ恵果和尚から受法しえた真言密教の特質を、きわめて端的に、次のように記しています。

「この法は則ち仏の心、国の鎮なり。氛《わざわい》を攘《はら》い祉《さいわい》を招くの摩尼《まに》、凡を脱《まぬが》れ聖に入るの嘘径《きょけい》なり。」

つまり、真言密教は「成仏」が「即身」に可能であることを説く仏教の究極的真髄であるとともに、社会国家の安寧と民衆の福祉を実現しうるもといとなるものというのであります。すなわち真言の教えは自然や社会の災害を除き、衆生の福祉を増進する「世間成就の法」として社会とのかかわりをもつものであるとともに、迷界を超脱して悟りの聖なる境地へと速疾に赴かしめる「出世間の成仏法」でもあることが、この短い対句のなかで簡明直截に示されています。いうまでもなく、「氛を攘い祉を招くの摩尼」というのは、現世利益の社会活動を意味しているのに対して、「凡を脱れ聖に入るの嘘径」とは即身成仏を目指す宗教生活をさしています。この二つがそれぞれ「国の鎮」と「仏の心」に対応していることは多言を要しないところであります。すなわち、真言密教はこの両面を一義的に共有することで、きわめて特徴的であるといえるのです。一義的な共有とは、この両面が本来的には不二であって、けっして別異のものではないことを意味しているのです。自然界や衆生社会の災害をなくしてすぐれた環境を保全し、そこに住む生きとし生けるもののすべての福祉を増進せしめる利他の慈悲行は、実はそのまま自らの成仏への道にほかならないのであります。だとすれば、社会福祉の理論と実践を教学の中核とするのが弘法大師の真言密教ということになりましょう。

しかしながら、さきにも触れたように、一般には「氛を攘い祉を招く」現世利益の側面を、「凡を脱れ聖に入る」ことを究極とする仏教本来の目的とはまったく無縁のものとみる傾向が、とりわけ観念論的宗教者たちに、多く認められます。彼らは、真言密教のもつ両面を、それぞれ（自然・社会）科学と宗教という二つのまったく異なった次元に属するものと考えているようであります。その結果、宗教の名における「攘氛招祉」の行為を古代の未開社会における呪術の名残りとし、迷信に踊らされる人間的弱者による愚かな行為として蔑視し、貶し去ってしまおうとするのです。そうした考えの背景には、密教の修法による祈りを単なる呪術にすぎぬものとみなし、しかもそれを科学的でないとみる独断と偏見があります。彼らには密教の修法の本質がわかっていないように思われますが、他方、密教者とても、その行法による祈りが科学的でないと言われれば、この評価に対して一言もないのが現状ではないでしょうか。

しかし、よく考えてみれば、科学そのものに対する人びとの概念がきわめて曖昧であることに気づくはずです。多くの場合、科学は特定の文化や思想とはまったくかかわりのない普遍的なものと考えられています。だから、とりわけ二十世紀になって顕著に認められる科学万能の考えのもとでは、大部分の人びとは科学、とくに自然科学こそが絶対普遍の客観的真理を明らかになしうるものと盲信しているのです。少なくとも宗教は形而上の問題、心の問題であって、その正否を実験によって評価できないものとの考えが一般的です。それに対して、自然科学はあくまでも物を対象とするものであって、しかもその「物」は個人の心や意識とは何のつながりも有しないというのが、これまでの一般的な常識であったといえましょう。それは現実を「物」と「心」とに分けて考え、その物と心との間には内面的なつながりなど絶対にありえないという考えなのであります。

最近よく耳にする言葉に、現代は「物豊かにして心貧しき時代」ということがありますけれども、こうした表現ないしは発想自体、物心二元の考えから、人びとがなお脱し切れないでいることを暗示しているといえましょう。心貧しき時代とは、まさしく人間性喪失の時代なのであり、人間が自然から疎外され、人間自身からさえも疎外されていることを示しているのです。それは生命や自然の科学的探求には、人間の精神とか心はまったくかかわりをもたぬものとする考えの必然的な帰結であったといえましょう。

しかし現実を物と心とに二分し、この両者を真正面から対立する還元不可能な存在論的両極とみるパラダイムは、今日ではもはや普遍性を失い、少なくとも量子力学などの現代物理学の分野では通用しなくなっているといいます。たとえばイギリスの原子物理学者デヴィド・ボームは、人びとが見たり聞いたりしている明在系の世界の背景には、暗在系の世界、すなわち分断も境界線もない流動する関係性の全体があって、意識も物質もそこから展開してくるといいます。つまり、現代の自然科学では、事物の存在論的構造そのものに意識の内面的参与を認めているのです。だから、現実を物と心とに峻別し、両者の相互滲透はありえないとみることは、ある限られた範囲でのみ通用する常識にしかすぎないものであったことになりましょう。いわば一般的常識人の思考を支えている「科学的なものの見方」そのものが、事物・事象の実相を如実に見、かつありのままに理解するうえで殆ど役に立たないばかりか、むしろ大きな障害となっていることに気づかねばなりません。いわゆる「新科学」（ニューエイジ・サイエンス）がわれわれに示してくれたことは、常識を超えた非日常的な世界にこそ、実はもっとも本質的な人間存在のありようが秘められているという事実であります。したがって、本質的本来的人間のありようを体得するためには、当然のことながら、旧来の常識的な科学的思考の枠組み（パラダイム）を解体することから始めなければなりません。

実は、旧来の常識的な思考の枠組みをはずし、新しいパラダイムによって世界像の実相を明らかにしたのが、ほかならぬ弘法大師の教学であったのです。大師が自らの世界観、宗教観をはじめて体系的に公開したのは『弁顕密二教論』においてでありました。このなかで、大師は「顕網に触《つ》いて羝籓《ていばん》し、権関に壅《ふさ》がれて税駕《ぜいが》す。いわゆる化城《けじょう》に息《や》むの賓、楊葉を愛するの児、何ぞよく無尽荘厳、恒沙の己有を保つことを得んや」と述べ、また「然りといえども、顕を伝うる法将は深義を会して浅に従い、秘旨を遺《のこ》して未だ思わず。師師伏膺《ふくよう》し、口に随って心に蘊《つつ》み、弟弟積習《しゃくじゅう》して、宗に随って談を成ず。我を益するの鉾を争い募って、未だ己を損するの剣を訪うに遑《いとま》あらず」云々と記されています。つまり、これまでのインド以来の先師やその弟子たちは、無難で保守的な道すなわち常識の世界のみを求めて、そこから一歩でも踏みこんで、真実の道、常識を超えた世界を積極的に求めようとはしなかったというのであります。この文章につづけて、「金剛智三蔵や不空三蔵等の活躍で、中国においても密教が盛行し、その教義もひろまった。しかし、この新しい真実の教えも、旧来の顕教が有するさまざまな因習を取り除くことは、それほど容易なことではなかったのである」という意味のことを述懐しています。

今ふうに言えば、大師は旧来の仏教（顕教）のパラダイムを新しい密教のそれにとって代えることで、常識の仏教の世界から、その常識の枠をつき破った非常識の仏教すなわち密教の世界に開眼し、顕現の世界すなわち「意識と存在」の源底に現成する存在リアリティーを明らかに見てとったのであります。たとえば、大乗経典の『入楞伽経』に説かれる「法身の説法」とか、『大智度論』に見られる「法性身に妙色を具す」とかいった思想から、新しい密教のパラダイムによって、大師は「法身が説法する」あるいは「法身が説法である」という根本命題を導きえたのであります。実は「法身が説法する」ということは、少なくとも常識の日常世界では考えられないことですが、その常識の思考の枠組みをつき破った非日常的な世界にこそ「法身が説法である」という、もっとも本質的な世界の存在構造があらわになってくるのです。しかも、この「法身が説法である」という根本テーゼこそ、実は大師の世界観、人間観、自然観の基底をなすものであり、そこに自然を生きる共存の原理を見出しうるのであります。詳細については、ぜひとも井筒俊彦氏の『意味の深みへ』(岩波書店)を参照していただきたいと思います。

「存在はコトバである」

さきに簡単に言及したボームの考えは、東洋の思想、わけても仏教の華厳哲学や弘法大師の世界観とも驚くべき一致を示しております。いま東洋思想の見直しが、とくにニュー・サイエンスの分野で活躍している物理学者たちによって試みられていることは注目に値します。ただ、われわれが注意しなければならないことは、だからといってニュー・サイエンスが東洋思想の世界観の正当性を証明してくれたと短絡的に思いこんではならないことで、われわれにとって重要な関心事は、新科学による東洋思想のうらづけとか、あるいは単なる比較思想論のレベルでの満足感にひたることではなくて、むしろヨーロッパの「自然を支配する」ことを基底とする科学技術文明がもたらした人間疎外、自然破壊の問題を、いかに超克するかにあるのです。科学技術文明はたしかにヨーロッパという限られた地域の文化であったのですが、しかし現在では特定の地域文化の枠を超えて、全地球の人びとが、もはやそれによらなければ生きることさえできないほどに、現代文化の基底となっております。そのために、自然との共存を求めてきた人びとの文化は影の薄いものとなりはてているかに見えるところに、大きな問題があるといえます。その当然の帰結として、井筒氏の言葉をかりれば、人びとは自然との本来的一体性を見失い、自然から疎外され、さらには本当の自分自身からさえ疎外されるという危機的状況をかもしだしているのです。こうした地球の破滅にもつながりかねない現代の危機的状況から脱れるためにも、われわれは、いま改めて自然とは何か、あるいは自然と人間とのつながりについて問い直してみなければなりません。その場合、われわれにとって大師の自然観がきわめて示唆的であります。そこにまた、大師の教学が有する現代的意義の一端を見出しうるのであります。

そのための一つの手がかりとして、『性霊集』巻一にある「遊山慕仙詩」の一節をとりあげてみましょう。大師がこの詩を作られた動機は、中国六朝時代の「遊仙詩」が、あたかも牛の蹄の跡の溜り水のように、まったく取るに足らぬ黄老玄学の浅薄な神仙の世界にとどまるもので、本当の世界の実相についての思索に欠ける点を指摘し、密教の深奥な世界観を義理を尽して讃頌することにあったといわれています。この五百三十言からなる長い詩のなかに、大師の自然観を端的にあらわすものとして、次のような刮目すべき一節があります。

「乾坤《けんこん》は経籍の箱なり、万象を一点に含み、六塵を縑緗《けんしょう》に閲《す》ぶ。」

この一節の意味するところは、天地すなわち現に人がそこに生きていると思っている「世界」あるいは「宇宙」は、ぎっしりと文字の書き込まれたテクストの空間であるというにあります。このことは、現代フランスの哲学者ジャック・デリダの用語でいえば、現実はエクリチュールの空間ということになりましょう。そのデリダは「世界は端から端まで暗号文字である」といい、「すべてのものは、世界に現われてくるためには、存在するより以前に、まず本(すなわち経籍)に所属しなければならない」ともいいます。つまり、エクリチュール(テクストの書き込み)としてのコトバなしには、何ものも存在しないことを、それは意味しているのです。勿論、デリダの思想構造がすべてそのまま弘法大師のそれと首尾相応しているわけではないとしても、この場合もまた、実に驚くべき表現の一致を示しております。

大師は『声字実相義』において「文字の所在は六塵その体なり」と説き、「六塵ことごとく文字なり」と説きます。色・声・香・味・触・法の六塵すなわち、この経験世界に存在するあらゆる事物・事象は文字を当体としていることになります。文字はコトバと言いかえてもよいのです。したがって、さきの詩文にみられる「乾坤は経籍の箱なり」といい、「六塵は縑緗に閲ぶ」というのも、つまるところ「存在はコトバである」ことを意味しています。もっとも、たとえば『金剛三昧経』でも、舎利弗の所説として「一切の万法は皆ことごとく言文なり」というのが見られますけれども、しかしそこでは「言文の相」は如実義にあらずという「果分不可説」の旧パラダイムの枠を脱しきっておりません。

弘法大師の説く「存在はコトバである」という命題は、あきらかに従来の常識を超えた「果分可説」の新パラダイムであります。この点については、さきに紹介した井筒俊彦氏の『意味の深みへ』という書物の「意味分節理論と空海」の項に詳しく論じられていますが、ここで言われる「コトバ」が、日常われわれが使っている言葉とは次元をまったく異にしているものであることは言うまでもありません。しかし、次元を異にしながらも、日常の言語がこの「コトバ」とまったく無縁で断絶したものでもないのですが、まずその「コトバ」とは一体どのようなものなのかを知らなければなりません。実は、そのことを端的に示しているのが、「遊山慕仙詩」のなかの「万象を一点に含む」という一句なのです。万象とは日常経験の世界に存在するあらゆる事物・事象で、六塵として象徴的に示されているのです。その事物・事象すなわち森羅万象のすべては一点に含まれるというのであります。その一点とは、古来の注釈では阿字の大空不生の空点をさすといいます。大師は『吽字義』のなかで、阿字は「一切字の母、一切声の体、一切実相の源」と説いています。「阿」は大日如来の口から出る最初の声であり、この最初の声とともに意識が生まれ、全存在世界が現出しはじめるのです。つまり、あらゆる事物・事象は究極的、本源的には大日如来のコトバということになります。大師はこの存在の究極的源底を「法身」とされるのです。さすれば、この法身（大日如来）とコトバとは同義となり、そこから「法身はコトバである」という命題が導き出されます。法身がコトバであるがゆえにこそ、「法身が説法する」ことが可能になるのです。コトバがコトバを語るとは、法身大日如来が自らを顕わにすることを意味しています。大日如来のコトバとしての自己顕現が「存在世界」なのでありますから、「コトバは存在」ということになるといわれるのです。

大師が四十歳の秋に詠んだ「中寿感興詩並びに序」のなかで、「禽獣卉木は皆これ法音なり」といわれるのも、あらゆる存在はすべて法身大日如来のコトバの現象形態であることを示すものです。すべての存在は根源的にはコトバであるところの法身そのものの自己顕現であり、それゆえにこそ、現実世界がそのままで実相なのであります。大師がまた「三宝の声、一鳥に聞く。一鳥、声あり、人、心あり。声心雲水、倶に了々」と詠じるのも、まったく同じことをさしてのことでず。自然を生きるとは、まさしくこうした存在世界の本質的構造を覚知することなのです。その覚知は『十住心論』のなかで言われるように、「究竟して自心の源底」にいたりつくことで、はじめて可能となります。三密相応の瑜伽観法の実修が重視されるのは、そのためであります。

調和ある共存へ

あらゆる存在がすべて大日如来の自己顕現であるとすれば、一切の存在者は究極的根源的には完全に不二であり、一体であることになります。いわゆる自他不二の考えは、すぐれて東洋思想の特質を形成するものです。それに対して、近代の自然科学が物と心とを截然と分けて考えたように、一般に西洋の思考では自と他とを対立的にとらえる傾向にあります。そのことをもっとも端的に示しているのは、古代ギリシャの哲学者ヘラクレイトスの言う「戦いは万物の父なり」という考え方でありましょう。現在でも、なお多くの人びとによっては、対立・拮抗・競争は自己の保全にとっては不可欠であり、対立抗争が歴史の動力とみなされているように思われています。世の中が進歩発展するためには対立競争は不可避であり、われわれの生存はもとより、人類の福祉も平和も、すべて積極的に戦い取るものという考えがあります。

もしも、こうした考えを認めるとすれば、平和をかち取るために戦い争うという奇妙な論理も容認されることになるのです。武力による闘争それ自体は、誰もけっして好ましいこととは思ってはいないとしても、革命のためには不可避の必要悪とみる考えも、一部の人びとによっては確かに主張されています。かといって、いかなる国も、どのような人も、自らが平和を脅かす当事者だとはけっして思ってもいないのです。それぞれが口に平和を唱え、軍備の縮小を叫びながらも、実際には軍備の拡張に向わざるをえないのも、自己と他者とを対立的存在として把捉する西欧的社会観に、人びとがなお自縛されているからでもあります。こうした社会観をなお一層牢固ならしめているのが、ダーウィン的な社会進化論のパラダイムであります。

そのダーウィン的な社会進化論の特質を一口で言えば、「優勝劣敗」とか「適者生存」ということになりましょう。つまり肉体的にも精神的にも、あるいは生物学的にも社会的にも、すぐれているものが勝ち残り、劣ったものは滅び去ってゆくのが自然の摂理であり法則であるというのです。しかも、それは単に種の進化のみに限らず、社会の進展にもあてはまると考えられているところに問題があるのです。そうだとすれば、肉体的に劣り、知能の低いものが落ちこぼれてゆくのは当然であります。ましてや心身に障害あるものが滅び去ってゆくのは、むしろすぐれた種の保存のためには望ましいこととすら言えましょう。こうした考えをハードに政策として実行に移したのが、かつてのヒトラーに代表されるナチズムであったと思うのですが、そのようなダーウィンの進化論的な考えのもとでは、真の教育もなければ、まことの福祉もありえません。しかし、遺憾ながら、いまだに大多数の人びとは、こうした社会ダーウィン主義の虚構性から離脱しきれないでいるのが実状です。だからこそ、人びとも国家も、生き残る対策としては、他者よりも一層すぐれ、一層力ある存在となることにつとめざるをえないのです。自己の保全のためには他者を貶し去る以外に道なしという競争の原理は、当然ながら自他対立的世界観の帰結であります。それが人間自体と自然界との関係に及んだとき、人間は自然を支配しようという不遜を犯すことになるのです。その結果もたらされたのが自然からの疎外であり、人間喪失という現代の危機的状況なのであります。

こうした危機的状況にあって、対立の極限は双方の破滅につながることに、人びとは漸く気づきはじめてきました。いま世界的に、人びとが対立から対話へと意識的に共存の模索につとめているのも、その一例であります。しかもそれは、明らかにダーウィン的進化論からの超脱なのです。さらに言えば、それはダーウィン的発想の誤りの自覚ともいえましょう。事実、京大名誉教授で文化勲賞を受けられた今西錦司博士は、すでに早くダーウィンの進化論を否定して、あらたに「棲み分け理論」を提唱されています。その学説は東洋哲学の精髄ともきわめてよく相応している点で注目すべきものですが、一言でいえば、種の変化は競争でなく、「恵み」

によって一体となって行なわれるというものです。その場合の「恵み」とは、種の集団が互いに対立拮抗して競い争わず、調和をたもちつつ進化してゆくことで、生物の全体社会がなりたっているというのであります。

この考えは、ジム・ラブロックが『地球生命圏――ガイアの科学――』のなかでいう「生きとし生けるものすべては、全体で一つの生命体をなしている」ということにも相通ずるものであります。しかし、なによりも、この今西博士の「棲み分け理論」は、弘法大師のマンダラ思想、そのマンダラ・パラダイムにもとづく即身成仏の世界観と寸分たがわぬ考えかたといえます。図像学的にみても、まさしくマンダラこそ「棲み分け」の象徴といえましょう。ありとあらゆるもの、生きとし生けるものすべての存在が、競い争うことなく、恵みによって調和をたもちつつ進化するのが世界の本当のありようというのは、まさしく、大師の説く「六大無㝵にして常に瑜伽なり」という世界観と全同であり、「法界はすべて四恩なり」という大師の教学のテーゼとも相通ずることになります。大師の著作と生涯の軌跡にみられる特質は、対話にもとづく調和ある共存です。いま、きわめて多様化の様相を呈する世界にあって、人類相互はもとよりのこと、自然の生態系すべての調和ある共存こそ、全地球的な課題ですが、それを可能にする原理を、われわれは大師の教学のなかに見ることができるのです。

さらに大師は「夫《そ》れ境は心に随って変ず。心垢《けが》るるとき則ち境濁《にご》る。心は境を逐《お》って移る。境閑《しず》かなるとき則ち心朗らかなり。心境冥会《みょうえ》して道徳玄《はるか》に存す」といわれています。まさに自然環境と人間の心との内密的一体性を語って余すところがありません。心と物とが互いに浸透しあうというパラダイムの再認識こそ、まさしく二十一世紀への人類共存を可能とする必須の条件といえましょう。人と自然とのかかわり、心と環境との内密的一体性と会通性とを如実に自覚すること、そこにこそまさしく人の人たる道、つまりそこにおいて「道徳」もはるかにきわまるというのであります。この大師のことばに、われわれはベルグソンふうに言えば、宗教の源泉としての道徳の原意をみる思いがいたします。大師の教学が有する現代的意義も、一にかかってそこにあると思えるのです。

教育はどうあるべきか―その教育理念―

古代の大学の制度

私は、弘法大師空海の著作を折に触れて見ているものですから、それを通じて弘法大師の教育観、あるいは教育の理念について、多少お話をしてみたいと思います。

かなり前のことになりますが、玉川大学の出版部から『世界教育宝典』というシリーズが出版されました。そのシリーズの中に、『日本教育宝典』があり、さらに『仏教教育宝典』というシリーズも五、六冊出ています。これの第一巻は伝教大師と弘法大師の教育思想についての資料を収めたものです。

実はその仕事の手伝いを、先年亡くなりました私の恩師である中野義照先生のご指示をうけていたしました。そういうことが機縁になって、専門外であるけれども、弘法大師の著作にも親しむ機会を得たわけです。

弘法大師空海という名前、たとえどのような受け取られ方をされているにしても、この名前ほど、一般大衆に広く知られているのは少ないのではないでしょうか。ある人は三筆の一人として、能筆家としての名声をご存じでありましょうし、あるいは類いまれな詩文家、文章家としての評価を与える人もあるかもしれません。あるいは平安初期の貴族仏教の代表者であって、加持祈禱による鎮護国家を主張したというような極めて浅薄な国史学者の説をそのままうのみにしている人もあるかもしれません。

実は弘法大師の伝記類にいたっては、平安の中期のものから現在に至るまで、数百種類の伝記が存在しているわけですけれども、それにもかかわらず、この弘法大師ほど生涯の歩みが不明な人物もまた少ないのです。この人ほど、その思想あるいはその人となりというものが正確に人びとの理解を得ていない人も珍しいわけです。同じ時代の日本の仏教の代表者である比叡山の伝教大師最澄と比べてみても、伝教大師の場合にはわりと生涯の歩みがわかるわけですが、弘法大師は特に若い頃の行動は杳としてわからない部分が多いのです。まして、この弘法大師を教育家として見、日本の教育の歴史の上において一体どのような役割を果たし、どのような貢献をした方かというようなことにいたっては、おそらく一般の人びとには殆ど何も知られていないであろうと思います。

ここでは、教育者としての弘法大師にスポットライトを当てて、その教育理念、弘法大師の教育観について簡単にお話をしてみようと思います。

といいますのは、この弘法大師という方はわが国における最初の私学の創設者であります。これは日本で最初の実質的に最も古い私立の大学というのが、ご存じの「綜藝種智院」です。これは総合大学ということを意味する名称です。

弘法大師は幼いときの名前を真魚といいました。その名を奈良朝の末期では、どういうふうに発音していたかは問題ですが、あるいは「マイオ」というふうに発音していたかもしれませんし、あるいは「マナ」というのが正しいという意見もあります。普通一般には「マオ」というふうに呼ばれています。戸主が讃岐国（現在の香川県ですが）多度郡方田郷の正六位上の佐伯直道長というふうに記されております。弘法大師の父上の名前は田公といわれております。弘法大師が得度して入唐した時の文書を見ますと、戸主の正六位上の佐伯直道長の戸口であると書かれています。当時は傍系家族も含む大家族制ですから、戸主は必ずしも父でない場合もあったのです。

弘法大師が出家しますのは唐の長安に留学をする前の年です。延暦二十二年（八〇三）三十歳とする説と、さらには出家入唐の当年の二十三年、三十一歳のときとする説があります。

史料としては、石山寺に弘法大師の得度の度牒の写しというのがあります。あるいは中村直勝博士が発見されました平安末期の度牒の写しもあります。そういう史料と『続日本後紀』の記述とがほぼ一致しておりまして、その記述は大体信用していいであろうといわれております。

弘法大師の著作の一つに『文鏡秘府論』というのがあります。これは非常にむずかしい書物で、一種の文章論、あるいは文化論です。その内容は宗教とは直接には関係ないものですが、弘法大師はその『文鏡秘府論』の中で、自分は幼少の頃、表舅について文章などいろいろ勉強をした。そして、長じて中国に渡ってさまざまな勉強を行なったということを書いております。

その表舅というのは、阿刀大足で、母方のおじのことです。この阿刀大足について十五歳頃から文学や歴史や文章を学んでおります。そして、中国に留学した場合にも、ただ単に仏教だけでなくて、多面にわたる学問を研修したということが、自身の記述によってわかるわけです。そのことは弘法大師が二十四歳の時に書かれた『三教指帰』という書物の序文で、自分は十五歳の時に、おじの阿刀大足についていろいろと勉強したということを書いていますから、事実であったと思います。

この阿刀大足は、当時、桓武天皇の皇子である伊予親王の侍講を務めていました。侍講というのは皇子の学問の先生を務める人をいいます。ですから弘法大師空海は幼少の頃からきわめて恵まれた教育環境の中で成長をしてきた、ということができるわけです。

同じ『三教指帰』の序文を見ますと、十八歳で大学に入学しています。実は大学における正式な勉学が、弘法大師のその後の思想の形成にとってのみならず、教育者としての弘法大師空海を見る場合にも非常に重要な意味合いを持ってきます。日本仏教の各宗派の宗祖の中で、正式な大学教育を受けたのは弘法大師空海ただ一人です。

その当時の大学の制度がどうなっていたか。聖徳太子に帰せられます冠位十二階の制、あるいは十七条憲法の中には、明らかに儒教の思想に基づく幾つかの条文が認められます。ということは、聖徳太子の施政方針というか、日本の政治の重要な思想的根拠として儒教の精神が明確に示されたということがいえるわけです。遣隋使と共に中国に渡った多くの留学僧あるいは留学生たちは、日本に帰ってきたあとは、革新政治の主導原理としての儒教の講義、あるいは儒教の宣布を専ら行なったわけです。こうした動きがわが国における大学の起源をなすに至ります。

天智天皇の時に唐の制度をそのまま模倣して、行政制度としての近江令というものが採用されました。近江令の採用にともない、滋賀の都に儒教主義に基づく学校が創設されました。それが大学寮です。これが日本の大学、わが国の教育機関の始まりなのです。

その後、文武天皇の大宝元年（七〇一）に大宝律令というのが制定されました。大宝律令にいたり、中央集権的な官僚政治の組織というものが確立いたします。それと同時に、その組織の一部局として、大学寮の制度が確立されたのであります。その制度もやはり中国の模倣でありますが、それによって中央の都にはただ一つの大学、地方にはそれぞれ国学が設けられました。したがって、日本の教育機関というのは、その創立の当初から中央集権的な形態を備えていたということになるわけです。大宝令の学校の制度の基礎となったのは、唐の学校の制度、いわゆる「学制」であったことはいうまでもないことです。

その当時の大学の組織がどうなっていたかということは、詳しく述べるゆとりはないのですが、ただ忘れてならないことは、この大学に入学し得る学生は身分による限定があったことで、誰でもが大学に進みうるというわけにはいかなかったのです。当時の大学への入学は戸主が五位以上の子弟に限られていました。あるいは東（やまと）と西（かわち）の史部の子弟に限られていたのです。

入学の年齢は課役とのかかわりから十三歳以上、十六歳未満に限定されておりました。五位以上が原則ですけれども、願いによっては六位以下の子弟でも、八位以上の子弟であれば特に願書を出して試験にパスすれば入学が許可されたということであったようです。

国学は地方の各国々に置かれています。その国々の規模に応じた大きさを持っていたのですが、その国学に入学のできるのは郡司の子弟に限られます。国司つまり国の長官というと大体五位以上ですから、その子弟は大学に入れます。地方の郡司つまり地方官吏の子弟は、みな原則としては国学に進みえたわけです。ただ欠員がある場合には、一般庶民の入学も許すという規則が国学に限ってありましたが、大学にはそのような規定はありませんでした。

大学寮は式部省に所属しています。この式部省に願書を提出して試験に合格したならば、国学の修了者は大学に入ることができました。

ですから、一般庶民の子弟は、郡司の子弟に欠員があった場合にのみ国学への入学を許可されることもあったわけですが、しかし、はたしてこういったルートと方法で大学にまで進みえた一般庶民の子弟があったかということになると、これはきわめて疑問であります。いうならば、わが国の古代における教育というのは、特定の支配階級の子弟にのみ限られていたのです。特定の支配階級の子弟のための教育機関であったわけであり、被支配階級たる一般庶民にとっては、こうした教育機関はまったく無縁のものであったのです。

当時の大学寮における教科内容というのはいろいろな選択制をとっていました。しかし、完全に儒教一辺倒の学問であったわけです。当時の支配階級の意志にそうような傾向を如実に有する教育であったのです。まさしく中央の官吏養成の機関でありました。われわれが留意しておきたいのは、日本の大学というのは、その創設以来、官吏養成の機関でありつづけたということです。

その当時の授業内容は、当時の律令の中の「学令」、あるいは『令義解』などを見ますと、ある程度わかってきます。大体それぞれの教科書は中国のテキストをそのまま使います。いわゆる中国語、その当時は正音として漢音を用いておりました。学生はまずこの漢音に通達しなければなりません。今でいいますと、学校のテキストがすべて英語とかフランス語で書かれたものを使用したと見てさしつかえないと思います。ですから、その発音とか読みというものを語学の教師である音博士について、まず学習するわけです。読みがうまく熟練しますと、いわゆる博士、これは主任教授でありますが、その主任教授について、それぞれのテキストの内容の講義に入っていくのです。

その当時は一旬ごとに、一日の休暇がありました。一旬と申しますと十日であります。十日ごとに一日の休暇があり、休暇の前日には必ず試験があります。それは読みと内容についての試験です。何ページあたり何問の試験をするということも決まっていました。一〇〇〇字ごとに一行三言の試験と書いてありますから、大体の見当はつきます。その試験問題は三問出ます。十日に一ぺん各科目について三問ずつの試験が課せられる。この三問中、二問以上の正解者を及第とする。一問のみの正解、あるいは全部間違ったものは、それぞれ処罰を受けることになっていて、ペナルティーが課せられます。さらに七月には年度末の試験があります。当時の大学は七月が年度末です。その年度末の試験は大学頭（学長）、あるいは大学助（副学長）が試験官になって行なわれます。一年間授業をしたことを試験するわけですが、それも問題の数が決まっていて、大義八条といわれます。この八問の中で、六問以上の正解者を上の成績とする。四問以上、六問までできた人は中。正解が三問以下の者は下であります。三年間連続して下の成績を取った者、あるいは九年以上在学して、なおかつ官吏の登庸試験にパスしない者は、勉学に耐えずと見なされて退学処分に付され本貫に還されています。

この当時の大学における試験制度というのは、奈良朝の後期から平安朝の初期にかけても引き続き行なわれていたと思われます。したがって弘法大師も、こうした教育を受けたわけです。こういう厳しい試験制度を見たかぎりにおいては、現在のアメリカの大学のやり方と非常に似ているのです。少なくとも、かなりの学力が身についたであろうと予想されます。だから、その当時、「勧学院の雀は蒙求をさえずる」ということもいわれたわけで、かなり皆よく勉強したというように思われます。こうした試験を終えて、二経以上の課程を修めたものは任官ができました。官吏になる推挙を受けたわけです。国家試験の前に大学寮における試験があります。いわゆる卒業試験です。その卒業試験というのは十問題出て、八問以上パスした人が太政官に推挙されました。ただ今の国家公務員上級試験に匹敵したものです。

弘法大師のうけた大学教育

平安期になって、桓武天皇は、たとえば一つには道鏡の政治介入にみられるような奈良の仏教勢力や、それまでの天武系の政治勢力との絆をたち切るために、たび重なる遷都を行なうわけですが、仏教の勢力がだんだんと大きくなるに従って、大学での教育もなかなか思うようにいかなくなります。そこで仏教が伸びてくるのに対抗して、教育方針として一段と儒教主義を強調するようにもなってくるわけです。

大学が不振になっていくのは、おそらく学生の衣食の点に原因があるであろうということで、桓武天皇は学生への給費に力を尽くし、同時にまた教員の給料の改善にも意を尽くされたようです。そういったことが延暦十年のこととして史料に出ています。それはまさしく弘法大師が大学へ入学したころのことです。先ほど申しました『三教指帰』の中に、「二九にして槐市に遊聴す」と書いています。「二九」というのは十八歳のことなのですが、これは『続日本後紀』巻四に、「十八にして槐市に遊学す」とあるのと一致するわけです。つまり大師は延暦十年（七九一）に、十八歳で大学に入ります。

先ほどいいましたように、当時、大学への入学資格は、戸主が五位以上の子弟に限られています。ところが弘法大師の生家の戸主は正六位上なのです。すると、ストレートには大学に入る資格が弘法大師にはなかったことになります。八位以上の子弟は願いを出して試験に合格すれば許可されることがありましたから、あるいはそういうことで入学したのかもしれません。しかし、入学の年齢が十三歳以上、十六歳未満ということですから、弘法大師が十八歳で入学したということには問題があることになります。

しかも弘法大師の生家の戸主、佐伯直道長は郡司なのです。郡司の子弟は一般には国学に入ることになっていました。だから、あるいは弘法大師はその制度からして、讃岐の国学へまず入学したと考えられないこともありません。

国学において、二経以上のコースを修了して、しかもなお学習を希望する者は式部省に願いでて試験を受け、それに合格すれば大学へ進めたのですから、おそらくは弘法大師も讃岐の国学を修了したのちに大学へ進んだとみることもできようかと思います。そうすると、十八歳で大学へ進んだということも解決できるわけです。しかしこれはあくまでも単なる推定であり、正しいかどうかはわかりません。ただ、この十八歳という年齢は、当時の課役の義務を負う中男作物と関係があることだけは留意すべきことと思います。

当時の大学の基本的な学科は明経科であり、弘法大師もその明経科へ進みます。ここでさまざまな学問を修めますが、その時の主任教授の岡田牛養とか、あるいは講師の味酒浄成はすべて讃岐出身の人、つまり同郷の人です。弘法大師の大学における青年時代の勉学振りは『三教指帰』の中に記されていますが、非常に猛勉強振りを発揮したようです。

当時の大学というのは、教科内容から見ても明らかなように、専制国家の支配者の政治理念としての儒教主義の傾向を有する教育を行なっていました。講義の内容も、訓詁注釈に中心をおいた形式を重んずるもので、きわめて沈滞的なものでした。こういう傾向は今日に至っても、ちっとも変わっていないことはご承知のとおりです。

弘法大師の言葉として、古い伝記ではその当時の大学の教育についての批判的な言及が見られます。自分がならっていることは「古人の糟粕」だ、つまり古人の飲食した残りかすを大学で教えているにすぎない。現代に生きるための学問とはなっていないのだ。ましてや、死後の世界のことは少しも考えず、永遠なる世界を求めるような本当の意味の学問というのは、大学においては行なわれていないということを、弘法大師ははっきりといっています。言うならば、宇宙の実相とか、生命の根源というものを深く極めなければ、自分自身が生きているという証しさえ得られないほどの思索型の青年空海にとっては、その当時の大学における教育は、まったく古人の残りかすにしかすぎなかったというふうに思われたわけです。

弘法大師の教育観の根底にあるもの

事実、大学の教育内容は時代の要求するところと実際に行なわれていた教育との間には非常に大きなギャップがあったわけです。しかも、大学における教育の意義というのもだんだんと薄れていく。大学というのはただ単に官途につくための官吏を養成する機関にすぎなかったわけです。しかもその後、大学が貴族化し、あるいは門閥化してきて、平安の中期になると、教員自体が世襲制になってきます。

こうした状況の中にあって、教育の真にあるべき姿を打ち出し、それを実際に実践したのが弘法大師空海であったのです。弘法大師空海の教育観の影響を受けた学者も多くありました。たとえば、文章博士の都宿禰赤腹という人は弘法大師とほぼ同じ時代の人ですが、彼は天長四年（八二七）に文章道の学生を採る場合に良家の子弟のみを採っているのはけしからんというわけです。なんとなれば大学は才を尊ぶところであり、「天下の俊皆来たり、海外の英並びに集まるところ」でなければならぬというふうにいって、「高才未だ必ずしも貴種ならず、貴種未だ必ずしも高才ならず」と言っています。彼は教育の機会均等、あるいは人材の公平な雇用ということを提唱して、英才とか秀才という者はむしろ下層な貧困の家庭から出るものであるということを述べています。適材適所の人材の採用というもの、つまり門閥とか、貴賤貧富にこだわることなく、平等に教育の機関が開放されるべきだということをいっております。

実はこうした発言は、弘法大師空海の影響を多分に受けたものであると思うわけです。いずれにしても、当時の大学の沈滞に対して、自由でしかも時代の要求にマッチした教育はどこで行なわれていたかというと、貴族の家庭教育においてであり、さらに進んでは当時の奈良を中心とする寺院における教育であったと思われます。

大学生であった弘法大師は一沙門から虚空蔵求聞持法を受けますが、そうしたことが直接の機縁となって、大学を中途で退学します。そして、いわば生きた学問をきわめるために仏教の世界へと入っていき、吉野や四国の山林を跋渉するのです。その時の、夢多き青春への訣別の書ともいうべきものが、『三教指帰』であります。

こういうふうに弘法大師は大学を中途で退学するわけですけれども、その大学において受けた学問が、実は弘法大師の卓抜なる語学力、優れた文章家としての才能、あるいは非常に深い、しかも非常に広い教養を培ったばかりでなく、その後の弘法大師の密教思想の形成にとっても、大学時代の教育が大きな影響を与えたことは否めない事実です。

もし、仮りにこの弘法大師が青春時代をこうした大学における教育を歴ることなしに、直ちに山林に入って、いわゆる山岳宗教家の群に身を投じたとするならば、おそらくそれは越の泰澄とか、役小角とかいったような、特異な山岳宗教家にはなれたでしょうけれども、ただそれだけのことに終ったであろうと言われています。なかんずく大学で鄭玄の折衷学を学んだことが、弘法大師の思想形成には、大いに影響を与えたと思われます。

ところで、弘法大師が大学の学窓を去った頃、それぞれの氏族、貴族たちがそれぞれの氏族の門閥の将来の勢力の発展を考えて、人材養成の特有の手段を講ずるようになってきました。たとえば、ご存じの和気氏の弘文院であるとか、あるいは菅原清公の文章院、さらに弘仁十二年（八二一）には藤原冬嗣の勧学院とか、在原行平の奨学院、嵯峨天皇の皇后である橘嘉智子などが中心につくるところの学館院、こういったものが次から次とできてきて、のちには大学の別曹になるわけですけれども、しかし、弘法大師が青年時代にはまだそういうのはできていないのです。弘文院とか文章院はそれぞれの氏族の出身の学生をそこに寄宿せしめて、学費の支給を行ない、そこに図書を備えて、勉学をさせるわけです。独立の教育機関ではなくて、いわゆる寮のような施設です。そういった所にいる子弟はすべてが大学生でもあり、講義や試験はすべて大学において受けたのです。だから、それらの施設もやはり一般庶民にはまったく無縁のものであったのです。

こうした状況の中にあり、やや趣きを異にする教育機関が奈良朝末にもありました。吉備真備の二教院、あるいは石上宅嗣の芸亭院というものです。一体どういう内容の教育施設であったか詳しいことはわかりませんが、吉備真備の二教院はおそらく儒教と仏教を平等に教えていたろうと思います。石上宅嗣の芸亭院というのは『続日本紀』などを見ますと、学校ではなくて、日本における最初の公開の図書館というか研究所のようなものであったようです。宅嗣が自分の家を阿閦寺として、その一隅に芸亭を建てて、そこにさまざまな外教の書物を置いて、これを公開していたということです。しかし二教院にしても芸亭院にしても、まもなく湮滅してしまいます。

弘法大師はかつて自ら経験した日本の大学教育について、いろいろ考えるところがあったと思われます。しかも唐に留学して、かの地における教育制度、あるいは教育機関を直接目のあたりにみて、理想的な教育機関が、一体いかなるものであるべきかということをつねに心に抱き続けていたと思うのです。

何よりもまず教育の本質というものが、人間の形成、あるいは人格の完成、ないしは本性の啓発にあるということを弘法大師は十二分に自覚していました。そのための理想的なあり方を示し、しかもその理念にもとづく教育を着実に実行に移したわけです。それが実質的なわが国における最初の私立の大学、綜藝種智院の設立となるわけです。

この教育機関としての綜藝種智院の実際の内容については、今日殆どわかっていません。しかし、その概略については弘法大師自身が書き残している「綜藝種智院の式並びに序」によって知ることができます。

教育の本質が人間形成のための意志的な努力にあるとするならば、その人間というものを一体如何なるものと考えるか。いうならば、弘法大師の人間観、あるいは世界観を知ることが実は弘法大師の教育観を見る上で是非とも必要なものとなってくるわけです。

しかし、ここでは弘法大師の世界観について詳しく申し述べる余裕がありません。弘法大師が新しくもたらした真言密教自体が、その思想的な淵源をインドの宗教思想に有する以上、古くからインド思想の原点となっている「人間の存在を含めて、世界現象のあらゆる存在は、すべて普遍的な唯一絶対者の自己顕現である。従って、ありとあらゆるもの、生きとし生けるものは根元的には一体である」という考えに立っています。自分と他というような対立的な考えではなくて、すべての存在は唯一絶対者の顕われだというふうに考えるわけで、そうした考え方がインドのあらゆる倫理あるいは宗教の出発点をなしています。

そういう考えが弘法大師の人間観あるいは世界観の根底にも横たわっています。一言で弘法大師の世界観をいうとするならば、真実の世界、悟りの世界、あるいは仏の世界は存在そのものだということです。つまり、真実の世界はとりもなおさず存在そのものであるというのです。弘法大師は「六大無㝵にして常に瑜伽なり」といっています。存在そのものの本当のありようはヨーガのありようをしており、相対的に、それぞれの存在の機能を果たしながら、しかもお互いに妨げ合うことなく融通無碍のあり方をしている。そういう在り方が真実の世界のあり方だ。その存在そのものが自己の当体にほかならない。そういう考え方が密教でいう即身成仏ということです。玉城康四郎氏のことばをかりて言えば、自己の当体において真実の世界、すなわち存在の世界が顕わになっているのだということなのです。仏の世界、つまり真実の世界はそのまま存在の世界であり、それがそのまま自己の当体にほかならないということが、弘法大師の世界観の根底をなす考え方なのです。

そこで、「即身成仏」の「身」というのは精神に対する肉体ということではなくて、「当体」を意味しているのです。衆生の当体ということなのです。つまり自己も衆生も仏も、換言すれば自分自身と自分以外のありとあらゆる存在と絶対者との、この三者の心は本質的、本来的に絶対に平等であるという考え方です。

これは『華厳経』という経典に説かれていることですが、その三つの心は本来的、本質的には絶対に平等であるということは、あらゆる人間の中に尊厳なるいのちを平等に認めるということで、それが弘法大師の教育理念の根底に横たわっているのです。

あらゆる思想体系、あらゆる宗教現象は、それぞれの状況のもとにあっては、つまり地理的にまた歴史的に、すべてが存在の必然性をもち、したがって存在の意義と価値とを持っているというのが、弘法大師の考え方です。こういう思想はよくない、こういう宗教はよくない、これを捨て、これを取るということは、弘法大師の場合にはありえません。すべての思想、あるいは宗教を融和帰納するような原理、その原理が実は真言密教という宗教の中に存在する。そういうことを具体的に説いたのが『十住心論』とか、あるいは『秘蔵宝鑰』という書物でありますが、それを象徴的に視覚に訴えて、すべての人びとに納得せしめるのが曼荼羅です。こうした考え方は弘法大師の若い時から晩年に至るまで一貫して認められる立場です。

弘法大師の教育理念

ところで「綜藝種智院の式並びに序」に見られる弘法大師の教育理念というのは一体どうい

うものかということになってきます。

弘法大師がかつて自ら受けた大学教育について抱いたであろうと思われる第一の疑問点は、当時の大学にしても、あるいは国学にしても、限られた身分の者の子弟だけをその対象としていたということです。弘法大師の世界観あるいは人間観においては、そのような教育の階級性、ないしは特殊な傾向性は、本来の教育とは認めがたいものであったわけです。

弘法大師はこの「式」の序文の中で、こういうふうに言っています。「物の興廃は必ず人による。人の昇沈は定めて道に在り」と。これは、その国の文化にしても、あるいは政治、教育にしても、すべてのものが興隆したり衰滅していくのはすべて人によるのだということです。しかも、その「人の昇沈はさだんで道にあり」つまりは教育にあるのだということです。すなわち、未来の輝かしい創造的歴史は教育によってのみ作られていくということです。

さらにこれに続いて、あたかも一滴の水が集まって大きな川となり、もろもろの大きな川が流れこんで大きな海の深きをなすように、社会もまた多くの健全にして優れた人材が集まることによって、その社会は高く、しかも豊かになっていくというのです。いわゆる人づくりこそが、豊かで安定した国をつくりあげていく基いとなるということを標榜しています。その場合に、すべての人は本来的、本質的には絶対に平等であるという、そういう立場から、教育は「貴賤を論ぜず」、「貧富を看ず」「宜しきに随って、提撕して、人を誨えること倦まざれ。三界は吾が子なりというは大覚の師吼なり。四海は兄弟なりというは将聖の美談なり。仰がずんばあるべからず」として、つねに親子兄弟のような心情、そういう心を持って子弟の教育に当たるべきであるということが標榜されているわけです。

従来の、わが国における教育の身分上の限定というものが、この弘法大師の綜藝種智院の設立によって完全に撤去せられ、ここに初めて教育の機会均等が実現を見たのです。支配階級とか被支配階級という階級制を越えた、しかも人間の本質に根底をおくところの教育というものが、弘法大師によって初めて実現を見ます。このことは日本の教育の歴史にとっては勿論のこと、世界の教育史にとってもまさしく画期的なことであるというふうにいわざるをえないのです。

まず第一は、ここにおいて教育の機会均等ということが実現を見たこと。続いて第二は、弘法大師が設置した大学の「綜藝種智院」という名称自体が示すように、弘法大師の教育理念は、従来の支配階級にとって望ましい傾向性であったところの儒教一辺倒の偏向教育に対して、その当時の三大思想であった儒教、道教、仏教という三つの宗教を、あるいは三つの思想体系を総合して修学せしめる、いわば総合的な全人教育であったことです。

この綜藝というのはユニバーシティという意味であり、ただ単に自分自身の専門領域のみに限られた偏狭な教育ではなくて、視野の広い総合教育こそ、まさしく弘法大師が目ざした教育の理念であったわけであります。同じく綜藝種智院の「式」の中には「三世の如来は兼学して大覚を成じ、十方の賢聖は綜べ通して遍知を証す。一味美膳を作し、片音妙曲を調ぶということ未だ有らじ」と、こういうふうに述べています。たった一つの味でおいしいごちそうを作ることは不可能である。たった一つの弦で、たった一つの音階で、妙なる音楽を奏でることは不可能だ。それと同じように、すべての分野にわたった有機的かつ総合的な教育によって、初めて人格の完成が実現しうるのであるといった意味のことを述べています。

弘法大師の教育観の第三として挙げられることは、教育の普遍性ということです。時の権力者の嗜好に基づく偏向教育ではなくて、普遍的な全人教育、総合教育というものを目ざした。いうならば、教育の普遍性ということです。片寄らないということです。こういうことは、今の時代ではなんでもないことですが、当時にとってはまさしく画期的なことであったのです。弘法大師の宗教自体のもつ普遍性というものと相応一致していることがわかります。さらにそれは、教育の中立性ということでもあります。

さらに第四に注目したい弘法大師の教育理念ですが、ここでは弘法大師は教育の条件として四つのことをあげています。弘法大師の教育理念ないしは教育原理に基づく人格の完成の教育が万全の効果を挙げるためには、一体どうすべきかということが論ぜられます。そのために四つの教育条件の必要性を述べています。四つの必要条件というのは、第一が「処」です。第二は「法」、第三は「師」、第四が「資」のいわゆる「処法師資」で、この四つの教育条件の必要性を述べています。

教育の四つの条件

まず第一が「処」です。たとえば論語などを引いて、「里は仁を善しとす。選びて仁におらずんば何ぞ地を得んや」といいます。ここで仁ということについての解釈はしばらく措くとしても、いわんとするところは、今日的にいうならば、いわゆる教育の環境ということです。まず教育の条件として大切なことは教育の環境の問題です。教育の環境の整備というか、特に豊かな自然にかこまれた適当な環境の下での教育機関の設立が必要であるということです。今日においても、青少年の教育にとって、その環境が重要であることは言うまでもないことです。

第二は「法」ですが、この法というのは狭い意味の教えということ、ここでは教科の内容をいっております。これについて弘法大師は『論語』などの「六芸に遊ぶ」という言葉とか、『大日経』という密教の根本経典の中で、「阿闍梨は、衆芸を兼ね綜ぶ」と説かれていることとか、あるいは『十地論』という論書の中で「菩薩は菩提を成ぜんがために、まず五明の処において法を求む」とか、あるいは『華厳経』にも見られる有名な善財童子が百十の町を遍歴し、五十三人の先生を次々と訪ねて真理を追求していったという有名な故事がありますが、それらを引いて総合教育の必要性を強調しています。

東海道五十三次というのは『華厳経』に説かれる善財童子（スダナという青年）が、五十三人の先生を遍歴して真の道を追求していったという由来に基づくのです。それは何かというと、片寄った学問ではなくて、先ほど申した総合的な学習ということが、この「法」の根本にならなくてはならないということです。総合的な学習の必要性ということが、まず教育の教科の内容でなくてはならないということです。

第三の「師」、これはいうまでもなく教師であります。教師というものは、衆芸を兼ねすべたものでなくてはならないという規定があります。ただ一つの道に通じているから先生になれるということでは決してないのであって、衆芸を兼ねすべた、しかも円満なる人格をそなえた人でなくてはならないというのです。しかも、「法を求むること必ず衆師の中においてす」といわれますように、真理を求めるのは必ず衆師の中においてであって、ただ一人の先生につけばいいというのではないというのです。それぞれの多くの専門家をおかなければ、本当の教育はできない。一人の先生になんでもかんでも皆やらせる。特に終戦後はそうでした。それがアメリカのせいだとは思いませんけれども、大学の教員ですら、今はその雑用たるや大変なものです。

そのためには、衆芸を兼ね備えた有能な多くのそれぞれの道の専門家を抱えるということが必要である。しかも、それぞれの分野における専門教師を招請して、教授陣を充実しなければならないというふうに説いています。綜藝種智院にあっては、教授陣は大別して、道の教授と俗の教授とがあります。二つの大きなコースがあったのです。道の教授というのは宗教家であり、宗教のコースで教える教師です。俗の博士、いわゆる仏教以外の一般の学問を講ずるためには、この俗の博士を置きました。

しかも、どちらを専攻するかは学生の任意の選択にまかせられていました。仏教以外の学問、これを外道、外書というのです。特に仏教を専攻する学生は、仏教以外の思想を完全に学ぶ必要があるということを強調しています。仏教専門の学生は仏教だけやって、他の本は読むなということでは決してないのです。むしろ反対であり、仏教専攻生にも外書の学習を勧めています。さらに外書の専攻生に対しても、仏教の学問を修めるようにということがいわれてもいるのです。

仏教専攻にはコースがさらに分かれて、一般仏教を専攻する場合と密教を中心とする場合があります。いずれを選ぶかは本人の意志によって決定されたようです。仏教の専攻学生が仏教以外の思想を学ぶ場合には、それぞれ専門の俗博士について行なわれます。いうならば学生自身による選択制をとっていたということがわかります。また当然なことですが、一般の学問を専攻する学生で、仏教の経論を学ぼうとするものには、仏教専門の学者がこれに当たりました。その場合に、「四量四攝に住して労倦を辞せず、貴賤を看ることなくして、宜しきに随って指授すべし」というふうにあります。この大学に入る者は、当然のことですが、一般庶民の子弟が多かったことを物語っております。いずれの教師であれ、三界はすべてわが子である。自分の子供、自分の兄弟のような心持ちに立って、しかもよろしきに随って、つまりそれぞれ個々の学生にとってもっとも適当なやり方で教授すべし。教壇に立っての言い放しではないのです。学生の素質能力に応じて、よろしきに随って教授をせよということが説かれています。しかも、教師の学生に対してとるべき態度は慈悲の心を持って行なうということが強調されております。「処あり、法ありといえども、若し師なくんば、さとりを得るに由なし」といってありますが、教師が教育にとって占める位置がいかに重要であるかということが弘法大師によっても極めて強調されているわけです。

第四の「資」というのは衣食です。衣食の資であります。道を学することはまさに衣食の助けにあるべしというふうにいっております。理想的な教育のあり方としては、何よりもまず教師と学生との生活が完全に保障されていなければならないということです。「それ人は懸瓠に非ざること、孔丘の格言なり」。人間はぶらりひょうたんではないのだ。だから食べなくてはならないのだということをまずいう。「皆食によって住すとは釈尊の談ずるところなり」。人間はすべて食によって生命を全うすることができるのだ。だから飲まず、喰わずでの教育はできるわけがない。人間である以上は、衣食の欠くべからざる所以をまず述べて、続いて「然れば即ちその道を広めんと欲わば、必ず須らく其の人に飯すべし。もしは道、もしは俗、あるいは師、あるいは資」つまり、教師であろうと、学生であろうと「学道に心ある者、並びに皆須らく給すべし」というのです。出家者の学生であろうと、在家者の学生であろうと、また教師と学生とを論ぜず、いやしくも学道に心ある者は等しく学資を給すべし。つまり、弘法大師は完全給付制をとっているわけです。

勿論、当時の大学においても得業生というのがありました。これは一種の奨学制度でもありまして、明経科から四人、文章生、明法生、算道生からそれぞれ二人の計十人です。年間、大学では十人が得業生になったのです。つまり特別奨学生になったわけです。この十人には、成績優秀者として、衣服とか食糧の給付が行なわれました。しかし、これは学生全体にわたるものではなかったのです。

弘法大師空海の建立した綜藝種智院という教育機関においては、学生であると教師であるとを問わず、完全な給付制でした。だから元より授業料を徴収することがなかったわけです。弘法大師自らは出家者であります。したがって出家者としての自らの生活については、「澗水一杯、朝に命を支え、山霞一咽、夕べにこの神を谷《やしな》う」と言っています。出家者の身分というものは一滴の水あるいは霞で生命を長らえることができるのだ。あるいは草とかかずらで身を被って、それを衣にすることができるのだということを述べて、出家者の無所得の心を強調しています。しかし、自分自身の出家者としての生活態度がそうだからといって、教育者も学生もまたそのようにしろということは決して言わないところに、われわれは真の教育者としての弘法大師の態度に畏敬の念を抱くわけです。

弘法大師はそうした教育の目的について、同じ「式」の中で、「立身出世の要も国を治める道も、元より教育の効果には違いがない。しかし、何よりも肝腎なことは、宇宙のことわり、宇宙の真理というものを体得し、自分と自分以外のあらゆる存在と、そして仏たる絶対者と、この三者の心が本質的、本来的には全く平等であるという、三心平等の実相というものを自覚することによって、生死の迷い、生き死の迷いを断じ、こよなき悟りを証得すること、それこそが学びの真の目的である」と説いています。この学びの心が芽生える時に、学問も修行もただ単に己れ一人のためではなくて、己れの学問、己れの行為そのものが、そのまま生きとし生けるもの、ありとあらゆるものの利益と幸福とにつながるものでなくてはならないということが自覚されてくるわけです。

これが弘法大師の教育の目的とするところでありました。このような理念にもとづく教育を十全に行なうためには、おそらく言語に絶する経営の労苦があったと思われます。

当時の国立の大学は勧学田百五十町歩をもって学校の運営費にあてていました。ところが弘法大師の場合には、自らの教育理念に賛同する者たちの寄進のみをもって、この教育機関の実際の運営に当たりました。当時、都には設備のよい大学があるではないか、何を今さら好んでそういう学校を創るのだといったような批判や非難もあったようです。しかし、真の教育の目的はどこにあるかを追求し、自らが若き時代に実際に経験した大学教育の欠点を如実に知った上で、理想的な教育機関の設立を行ない、しかも、それを生涯運営し続けたのです。そこに、非常に大きな業績というか、教育史上における燦然と輝く大いなる金字塔の感をうけるのは、ひとりわたくしだけではないでしょう。

菩薩道とは――その社会福祉観――

「自他不二」のテーゼのもとに

「生かせ　いのち」というテーゼは、単に高野山真言宗の檀信徒に対する信仰生活の指針たるにとどまらず、人類の未来という全地球的な課題にかかわりをもつ普遍的なテーマでもあります。科学と技術の異常な進展によって、全世界が均一化の傾向をたどり、同時に「地球は狭くなった」ことを、われわれは日常生活のなかでひしひしと感じとっています。今や地球上のいかなる民族、いかなる国家も、もはや己れ一個の幸福をもってよしとするような孤高を守るありかたで存在することはできません。かつて遥かな想像の世界にしかすぎなかった唐・天竺の国々も、今では数時間で行くことすらできるのです。ほんの少し前までは、われわれにとって、その地理的位置さえさだかでなかった中近東の諸国とか中南米の国々で起こる事件や、あるいはアフリカの片隅で起こることがらが、そのまま、直ちにわれわれ日本人の日常生活の上にも、じかに響いてきています。たとえば、ガソリンとか灯油などの価格一つを例にとってみても、そのことはよくわかります。しかし、それは単に経済面だけにとどまらず、政治、法律、芸術、文学、思想といった広範な文化領域にまで及んでいるのです。こうした状況のもとでは、われわれは、この世界におけるあらゆる事物・事象が個々独立に存在するのではなく、これらはすべて互いに連関し、相互に依存しているのだということを、いやでも認めざるをえません。

このような世界のありようを、仏教では古くから相依相待《そうえそうたい》の縁起説とか、華厳哲学の重々《じゅうじゅう》無尽《むじん》の教説で啓蒙してきたのですが、難解煩瑣な哲理をまつまでもなく、この世界が限りなく複雑にからみあった相互連関的存在の網の目のようなものであることを、人びとは今や直接に肌で実感できるようになってきています。

そうはいっても、ややもすれば、われわれは自分一人の力で独立に生きていると思いこみがちです。しかし人間はけっして一人では生きられないのです。「人間」という言葉自体の原意が示しているように、人と人とのつながりの中で、人ははじめて人間になりうるのです。もともと、この「人間」（じんかん）という語は社会そのものを意味することばでありました。だから「生きる」ということも、己《おの》が一人のはからいによるのではなくて、目に見えない多くの人々に支えられ助けられて、生かされているのです。

しかるに、昭和五十九年に読売新聞社が行なった世論調査を見ますと、「生きがい」として家庭（五一・六％）、子供（三二・八％）、仕事（勉強）（二七・七％）、平凡に暮らす（二四・三％）、趣味・レジャー（二四・〇％）、お金（一〇・二％）などがあげられていて、社会活動をあげたのは四・九％にすぎません。この調査結果は人びとの生活態度が明らかに自己中心的であることを示しています。「ミー・イズム」（自己中心主義）という言葉が流行したように、人と人とのつながりを、わずらわしいものとして絶ち切り、自分は自分、他人《ひと》は他人《ひと》とわりきってしまいます。人に迷惑をかけないかわりに、他人からも迷惑をかけられたくないと考える人びとが、依然としてなお多く存在するのも事実です。

仏教、なかんずく大乗仏教にあっては、己れ一人の至高体験をもって満足する声聞《しょうもん》・縁覚《えんがく》の生きかたよりも、われひとともに至福の境地を目指す菩薩の道こそが尊ばれたことは、よく知られているところです。「菩薩道」とは慈悲にほかなりません。仏典でしばしば「仏心とは大慈悲、これなり」と説かれるように、仏教は慈悲の宗教なのです。仏の智慧（般若《はんにゃ》）を論釈した『大智度論《だいちどろん》』では、「大慈は一切衆生に楽を与え、大悲は一切衆生の苦を抜く」と説かれています。ここで「衆生」（サットヴァ）とは、そのサンスクリット語の語義から明らかなように、単に生きものとか、ましてや人間のみを指すのではなくて、世界におけるありとあらゆる存在物を意味しています。だから慈悲の及ぶ範囲は決して生類とか人間だけにとどまらず、動植物や自然のあらゆる生態系にまでも拡がります。つまり仏教は決して偏狭なヒューマニズム（人間中心主義）ではないのであり、人間本位の「ミー・イズム」でないことを示しています。

こうした考えは、古代インドにおいて、あらゆる存在物を唯一絶対者の顕われとみたことと無縁ではないのです。それが実は、インドの殆どあらゆる宗教・倫理の出発点となっているからです。たとえばバラモン教では、この絶対者をブラフマンという中性原理とみなしますし、密教では宇宙的存在エネルギーとしての法身《ほっしん》・大日《だいにち》如来で表象することは、あらためて申すまでもありません。

人間のみならず、動物も植物も自然界のあらゆる生態系も、すべて大日如来の自己顕現せるものだとすれば、あらゆる事物はすべて尊厳なる「いのち」を有し、万物は根底において一体であり、万象はすべて相互に連関していることになりましょう。いわゆる「自他不二」というテーゼが、そのことを端的に表現しています。この考えかたこそ、東洋の、わけても仏教の世界観の大きな特徴なのです。

仏教では、だから、自分は自分、他人は他人というように、あらゆるものを分節し、境界線を引くことを「妄分別《もうふんべつ》」といって、世界の実相を見誤るもといといたします。自他不二なるがゆえに、人は人と人とのつながりの中ではじめて人間たりうるのであり、したがって他人の苦しみや痛みに対して、われ関せずではいられないのです。初期大乗の『維摩経』には「一切衆生が病むをもって、このゆえに、われ病む」という有名な維摩居士のことばがみられます。あたかも、ひとりっ子の病気がなおらない限り、その親の心痛もまたなくならないように、菩薩は衆生が病める限り、彼もまた病み続けるのです。つまり菩薩の病気は、ひとりっ子に対する親の愛情のように、衆生への慈悲心から起こるものなのです。衆生の痛みを己《おの》が痛みと感ずる慈悲の心こそ、まさしく社会福祉のこころというべきものでありましょう。

社会福祉事業が「病める衆生」、いわゆる社会的困窮者あるいは弱者の救済を第一義とするとはいっても、救済する者と救済される者との関係は、能動と受動という一方通行的なものではけっしてありません。「衆生に病気がなくなったとき、菩薩もまた無病となるのです」という維摩居士のことばが示しているように、救済の手をさしのべる者も、そのことによって、自ら真に生きることの意味を学びとらせてもらっているのです。だから、福祉の担い手は、また同時に福祉の受け手でもあることになるのです。真言宗で古くからとなえられる生きる指針としての「相互供養」という綱領もまた、社会福祉の理念に直接つながるものといえましょう。

社会福祉に尽した仏教者たち

仏教が慈悲の宗教であり、その慈悲のゆえにこそ菩薩が病むのであるとすれば、まさしくこの菩薩の道こそが社会福祉の源泉ということになりましょう。事実、仏教の長い歴史の上で、仏教者による社会事業ないしは社会福祉事業の実例は枚挙にいとまないほどであります。インドにおける最初期の仏教が俗世間との絆《きずな》を絶ち切る出家至上主義の立場をとったことは事実です。だから、厳格な戒律を守り、深山幽谷でひとり修禅にふけり、さとりの境地を体得しようとする修行者は一見いかにも超世間的であり、一般大衆とは隔絶された孤高の存在と想像されるかもしれません。しかし本当の仏教者はけっして孤高を誇る独善者ではなく、すべて例外なしに民衆に近づき、大衆の福祉を増進した人たちであったのです。

インドにあって、もっとも古く、かつもっとも大規模な社会事業あるいは福祉事業を行なったのは、西暦前三世紀のアショーカ（阿育）王でありましょう。彼は熱心な仏教信者で、一時期、仏教僧伽《サンガ》に身を置いたともいわれます。チャンドラグプタ以来の国家統一につとめ、インドの歴史上最大の帝国を建設したのはこのアショーカ王ですが、なによりも有名なのは、彼が従来の武力による征服から法（ダルマ）による国家統一へと政策をかえたことです。その政策の中心は「すべての人民は私の子である。私は王子のためと同じように、彼ら人民が現世と来世の、あらゆる利益と安楽を得ることを願う」ことにありとして、人民の保護とその福祉の増進こそ、王の最大の義務とすることを宣言したのです。仏教神話で、正法をもって全世界を統治する理想の王者「転輪聖王《てんりんじょうおう》」にも比せられるほどの人でもありました。有名なアショーカ王の碑文によれば、彼が行なった主要な事業は、㈠人民のすべてに対する適正な取扱いと処遇。㈡街路にバンヤン樹を植えしめて、人や家畜がその蔭を享受できるようにし、さらにマンゴー樹を植え、一定の間隔に井泉を掘り、休息所を設け、人や家畜のために水飲み場を作らせた。㈢人と家畜のために二種の施療院を建て、薬草を栽培させ、さらに樹根や果実のない地方には、これを輸送して物資の流通をはかり、人畜の福祉をはかった。㈣冗費を防ぎ、無益な動物の殺生をやめさせるために、饗宴の集いを禁止した。㈤貧困者や老人に布施をし社会的弱者の救済につとめた、などといったものでありました。菩薩の道としての「布施」については、後にまた触れることがありましょう。

同じような社会事業の例は、中国仏教においても多く認められます。たとえば南北朝時代の六疾館、孤独園などは病人や老人への福祉対策であったし、唐代の寺院に設置された半官半民の悲田養病坊などの療院、植樹、井泉掘削、築路開道、架橋造船といった社会事業の多くが、仏教者の手によって行なわれているのです。

わが国にあっても、さきに言及した『維摩経』などに自ら注釈を書いたといわれる聖徳太子は、「一切衆生悉有仏性」という、ありとあらゆる存在物に絶対的存在価値を認める立場にたたれ、したがって必然的に、その行政は慈善救済へとつながるものでありました。太子の作といわれる『勝鬘経義疏《しょうまんぎょうぎしょ》』では「友はこれ相い救うことを義となす」といい、「物を化《け》するの道は、ただ悪を止むるのみにあらず。かならず福善を修す」として、社会福祉のあるべきようを示しています。聖徳太子のこころを体して創建された四天王寺に敬田院、悲田院、療病院、施薬院の四院が設けられ、福祉増進の生きた民衆教化が行なわれたのは、よく知られているところです。

七世紀中葉に入唐留学し、玄奘三蔵に師事して本格的な唯識学を伝えた道昭は、帰国ののちは元興寺の東南隅に禅院を建てて坐禅にいそしんでいました。わが国における火葬は、この道昭をもって初めとすることで有名ですが、それにもまして、彼は十数年にわたり天下を周遊して、路傍に井泉をうがち、渡し場に船を設け、橋をかけるなどの社会事業を行なったことでも、よく知られています。これなどは、本格的な仏教教学を学び、かつ坐禅にふけりながらも、仏教の本質を真に体得した人は菩薩道の真髄を身をもって実践し、社会事業にも挺身するものという実例でありましょう。

道昭とともに、社会活動に力を尽して後世に名を残した仏教者に、行基菩薩がいます。彼もまた唯識を学び、山林修行につとめた人ですが、義淵のほかに道昭にも師事したといわれています。諸国を廻ってじかに民衆に接し、彼らを教化して絶大な信望をえたことが、時の権力者による仏教統制を損うものとして、彼は一時期、その宗教活動を禁止弾圧されたほどでありました。しかし人びとは行基を菩薩として尊崇し、彼の赴くところ千余の民衆が集まり従ったといいます。行基は人びとに対してただ仏法を説くだけでなく、公共の利益のために、いくたの社会施設をつくっています。畿内に四十九院の道場を建てて民衆の心の安らぎをはかり、宿泊施設としての布施屋、交通の便をはかっての架橋、船舶碇泊所、直道、灌漑のための樋、池、溝、水路など、多くの社会事業を行なっているのです。

弘法大師が自らの祖師と言われたという大安寺の慶俊についても、「悲心、物を愍《あわ》れみ、常に貧病に施し、衣薬須《もと》めるところ、来賓を却《しりぞ》けることなし」と記録されています。

平安時代から鎌倉期にかけても、橋をかけ、渡し船を設け、井泉を掘り、樹を植えるなどの公共の利益に力を尽した出家者の数は多いし、社会的弱者の救済に積極的に取りくんだ僧侶も多くいます。たとえば伝教大師最澄は、信濃と美濃の国境に広済院・広極院の二つの宿泊施設を旅人のために作っていますし、弟子達が諸国の講師に任用された場合、毎年安居《あんご》の法服施料をそれぞれの国々の修池、修溝、耕荒地、理崩、造橋、造船、植樹、穿水等の利国利人の社会事業に使うことを表明しています。弘法大師が讃岐の満濃池を修築し、一般民衆のための教育機関（綜藝種智院《しゅげいしゅちいん》）を設けるなど、多くの社会事業にもその才能を示しているのは周知のことです。しかし、それが単に才たけてのことのみではなかった点については、後に詳しく述べましょう。

この両大師と昵懇の関係にあり、高雄山神護寺の檀越《だんのつ》でもあった和気広世、真綱の兄弟は、故郷の窮民のために私墾田百町を賑給分にあてて、貧民の救済に力を尽しました。鎌倉時代にあっても、特に戒律の遵守とその普及に大きな功績をのこした叡尊《えいそん》、忍性《にんしょう》などは、いわれなき差別に苦しんだ人びとの救済に尽力し、病院の経営、孤児の養育など、実に広範な社会活動を行なっているのです。その他、一々数えあげれば際限がありません。

社会福祉こそ菩薩道

仏教の核心が慈悲であり、その慈悲の心の発露こそ菩薩行にほかならないことは、すでに何度か述べたとおりです。

弘法大師空海が本格的に真言密教の宣布を始めるのは、唐の長安への留学から帰って、ほぼ十年を経た弘仁六年（八一五）季春以降のことでした。このとき、大師は自ら請来した密教の主要な経典論疏三十五巻ないしは三十六巻を、東国をはじめ筑紫などの有縁の人びとに書写せしめ、如法の修行を勧めたのです。多くの僧俗の人びとがこの要請に応じ、密典を書写し、閲読しました。法相の学匠であった陸州の徳一もその一人であったのですが、彼はそのとき、密教の経論に目を通し、いくつかの質問を大師によせています。現にその質問状の一部が『真言宗未決文』一巻として残っております。そのなかで、徳一は「密教の修行はすべて単なる観念観想の行にすぎず、菩薩の実践行がない。だから密教は慈悲の心に欠けているのではないか」といった意味のことを述べています。もしもそのことが事実とすれば、その一事だけで、密教は仏教ではないということになりましょう。

この徳一は弘仁八年以降、数年にわたって伝教大師最澄との間で、仏性《ぶっしょう》の問題や法相と天台とはいずれが真の仏たりうべき道かを論ずる三一権実《さんいつごんじつ》の点について、実に熾烈な論争をくりひろげた一大論客でもあったのです。弘法大師の場合、この徳一の疑難に直接答えた論述は残っておりませんが、この後にものされた大師のあらゆる著作やその足跡をかんがみるとき、徳一の疑難のあたっていないことは明白となります。なによりも、大師自身が官界で名を競い、市場で利を争う世間の栄達をいとい、山林での修行をねがって大学の学窓を去ったのは、「真の福田を仰ぐにしかず」という自覚のためであったと『御遺告』は伝えています。「福田」とは、文字どおり功徳・幸福を生みだす田地のことで、古来、仏法僧を敬うこと（敬田）、父母や師長を敬い、その恩に報いるべきこと（恩田）、貧困者や病人などを憐れみ救うこと（悲田）の三つを「三福田」と呼んでいます。大師の出家宣言の書ともいうべき『三教指帰』の序文では、自らの出家の因由を述べるなかで、「身体に障害あるもの、ぼろをまとった貧しい人びとを見ると、どのような因果でこうなったのかという哀《かな》しみの止むことがない」という意味のことを述べています。つまり、大師の出家はひとえに、まことの福祉をもとめてのことであったといえましょう。

唐の都長安の青竜寺東塔院において、師主の恵果和尚から、真言密教の法をあますところなく受けおわった大師が、当初予定していた二十年間の留学を、わずか二年の滞在で切りあげて帰国したことも、よく知られていることです。その留学期間の大幅な短縮について、大師は朝廷への帰国報告書（『御請来目録』）の上表文のなかで、「空海、闕期《けっき》の罪は死して余りあるといえども、窃《ひそ》かに喜ぶ、難得の法を生きて請来せることを」と記しています。同じ報告書のなかで、早期の帰国はひとえに師主恵果の遺命によるものであったとし、恵果和尚のことばを引いています。その遺命とは、「いま此の土《くに》の縁尽きぬ。久しく住《とど》まることあたわず。よろしく、この両部の大曼荼羅、一百余部の金剛乗の法、および三蔵転付の物、ならびに供養の具等、請う、本郷に帰りて海内に流伝すべし。わずかに汝が来れるを見て、命の足らざるを恐れぬ。いま則ち法のありとしあるを授く。経像の功も畢《おわ》りぬ。早く郷国に帰り、もって国家に奉り、天下に流布して蒼生の福を増せ。しからば則ち四海泰《やす》く、万人楽しまん。これ則ち仏恩を報じ、師徳を報ず。国のためには忠、家においては孝なり」というものでありました。真言密教の教えこそ、まさしく「蒼生の福を増す」ものとの確信が恵果にも、また大師にもあったのです。「蒼生の福を増す」とは、文字どおり民衆の福祉の増進ということです。つまり、大師の違法ともいうべき早期帰国もまた、ひとえに社会の福祉をはかること以外のなにものでもなかったのです。

恵果和尚は「貧を済《すく》うには財をもってし、愚を導くには法をもってす。財を積まざるをもって心とし、法を慳《おし》まざるをもって性とす」といわれるほどの人柄でした。真言密教にとって「貧を救うに財をもってする」社会活動と、「愚を導くに法をもってする」宗教活動は不二であり、けっして別異のことではありません。大師が目指した社会福祉には、当然のことながら、この両面が二而不二《ににふに》的にそなわっているのです。

事実、大師自身、遣唐判官高階真人遠成とともに帰国することを申請した「啓文」のなかで、自ら学び受けた真言密教の法について、「この法は則ち仏の心、国の鎮なり。氛《わざわい》を攘《はら》い祉《さいわい》を招

く の摩尼《まに》、凡を脱れ聖に入るの嘘径《きょけい》なり」と言っています。つまり真言密教の教えは、社会のわざわいを除去し、大衆の福祉を増進するもといである世間成就の法であるとともに、迷界をまぬがれ悟りの境地へと速やかに赴かしめる出世間の成仏法であることを示しているのです。前者が現世利益の社会活動を意味しているのに対して、後者は即身成仏の宗教生活をさしています。真言密教はこの両面を有することにおいて、きわめて特徴的であります。しかし厳密にいえば、さきにも述べたように、この両面は不二であり、けっして別異の道ではないのです。だから、いかに高邁な理想をまことしやかに説いたところで、それが民衆への限りなき慈悲の恵みとして発現し、衆生利益の行動に結びつかない限り、所詮は独善的評論にすぎないものとなりましょう。たとえ一宗の祖師とあがめられ、世間的名声を博した人とても、そのことに変わりはありません。

大師は弘仁四年五月の『御遺誡』においても、二利円満、四恩抜済こそ菩薩の道であるとして、宗教生活と社会活動の相即性を強調しています。この『御遺誡』は真言行者のあるべきようを端的に説示されたものであることを忘れてはなりません。「二利」とは自利と利他の二つをさしています。文字どおり、自分の利益と他人の利益を意味します。その利益は現実的な利益から、究極の利益すなわち至高至福の境地までを含みます。大師が請来された『大聖文殊師利菩薩仏刹功徳荘厳経』には、「私はこの世で自分だけが速やかに至福をうるようなことはしない。たとえ一人でも、苦しみ悩む衆生が残っていれば、私は最後の最後まで、その衆生のために踏みとどまろう」という文殊菩薩の誓いのことばが見られます。それにつけて、天長五年

（八二八）二月二十五日の太政官符によれば、大安寺の勤操と元興寺の泰善等は畿内の郡邑に広く文殊会を設け、飯食を準備して貧者に施給しています。これは『文殊般涅槃経』に、「もし供養して福業を修せんと欲《おも》わば、すなわち身を化《け》して貧窮孤独苦悩の衆生と作《な》りて、行者の前に至る」とあることによるものでありました。それ以降は毎年七月八日に村々で文殊会を修し、人びとに殺生をやめさせ、三帰五戒を授け、薬師と文殊の宝号をそれぞれ百遍となえさせて、広く人びとに福業を修せしめ、ともに真の福祉を得ることを期せしめています。これなどは宗教儀礼と社会福祉の即一性、なかんずく宝号念誦と福祉の実際的なかかわりを示しているものといえましょう。

『菩薩戒本』のなかにも、あらゆる衆生の苦痛を自らの苦しみとして受けとり、これを除くことこそ菩薩の道と説かれます。それが二利円満ということなのです。大師が高野山万灯会を行なったときの願文に、「虚空尽き、衆生尽き、涅槃尽きなば、わが願いも尽きなん」と誓ったのも、さきの文殊菩薩のことばとまったく同じことを指しているのです。大師のあらゆる行動が、すべてこの二利円満、四恩抜済の軌跡であったことは、『性霊集』所収の大師の遺文をみれば自ら瞭然となりましょう。しかも、大師は人としての行動規範たる戒について述べ、真言密教の戒（三昧耶戒《さんまやかい》）の内容を、この「四恩」と「十善」とで説いています。そしてこの戒を大乗の菩薩戒である「三聚浄戒《さんしゆじようかい》」に集約しているのですが、そこで特に着目すべきことは、この三つの戒条を通例の順序とは異なって、「饒益有情戒《にようやくうじようかい》」を最後において、これを特別に重要視していることです。「饒益有情戒」とは文字どおり、一切衆生に利益と安楽をめぐらすことであり、その具体的な実践を「四恩」と「十善」とに配しているのです。つまり真言の末徒としての生活は、なによりも社会福祉をその規範としてのものでなければならぬといっているのです。そのことはまた、『大日経』で説かれる「菩提心を因とし、大悲を根とし、方便を究竟とす」というテーゼにもかなうものであります。

大師の晩年の著作『秘蔵宝鑰』のなかにも、「諸仏の慈悲は真より用《ゆう》を起こして、衆生を救済したもう」と述べられ、「菩薩の用心はみな慈悲をもって本とし、利他をもって先とす」とも説かれています。ある官吏にあてた手紙のなかでも、大師は菩薩の道を示して、「また大士（菩薩）の用心は同事《どうじ》、これを貴しとす。聖人の所為も光を和《やわら》げ、物を利す。しばらくその塵に同《どう》じて、その足を濯《すす》がんにはしかず」と書き送っています。つまり菩薩たるものの心すべきことは、自ら進んで衆生のなかに入り、衆生と苦楽をともにしながら、彼らを導き救うことにあるのです。聖者の所行も、自らの威徳や才智を外にあらわすことなく、万人の利益をはかることでなければなりません。そのためには、自ら進んで俗世の塵に足を踏み入れることが必要なのです。自らの白いハンケチを人びとのための雑巾にしてこそ、慈善の救済は可能となるのです。大師が菩薩の用心として「利行同事」「和光同塵」をあげるのもまた、その福祉のこころを端的に示してのことであるのです。

宝号念誦はすべて四恩なり

『理趣経開題』のなかで、大師は人びとの目指すべき抜苦与楽の正路を説いて、福智の二因を積むこととしています。このうち、智の因とは定慧門《じょうえもん》とも呼ばれますが、要は妙経を書写し、その深秘な意義の講説を聴聞し、思念体得することとされます。写経聞法の功徳は古くから諸種の経典にしばしば説かれておりますが、そのもっとも凝縮したかたちは宝号の書写念誦といえましょう。だから「智慧の因」としての宝号念誦そのものが、仏の大慈悲を発露する菩薩の実践行なのであり、一切衆生の抜苦与楽、つまりは社会福祉のこころの発揚に直結していることになるのです。しかし、まことの福祉を実現しうる正路は智慧の因（理念）のみでは十全とはなりえません。それに福の因、つまり福徳門《ふくとくもん》の実践が加わらなければ、単なる理念だけにおわってしまいます。福祉という車は、この両輪によって正しく前進することができるのです。そのことは、大師が帰国早々に朝廷に提出した『請来目録』のなかでも、仏教は煎じ詰めれば二利の完成にあり、そのためには「福智の兼修」と「定慧の並行」が必須の要件であると述べているのです。その福徳の因を、大師は「檀等の諸行」としています。「檀等」とは布施（檀那）・持戒・忍辱・精進・禅定・智慧（般若）の六波羅蜜の菩薩行をさしています。このうち、最後の禅定と智慧とはさきに述べた定慧門に属することになりますから、残る布施などの四つの実践徳目が福徳門ということになりましょう。この四種の実践行のなかで、もっとも基本的なものが第一の檀那波羅蜜です。「檀那《だんな》」とはサンスクリット語やパーリ語のダーナの音写語で、施し与えることを意味します。一般には「布施」と訳されます。「智慧の因」としての宝号念誦は、「福徳の因」としての布施・精進などによって裏づけされることで、実ははじめて菩薩の福祉行となりうるのです。そして、そのことは七世紀にインドで著わされた『学処綱要』という論書のなかで、大乗の菩薩が常にこころがけることとして「布施からなる福祉事業（プニヤ・カールヤ・ヴァストゥ）」をあげていることとも相応しています。このサンスクリットの原語「プニヤ・カールヤ・ヴァストゥ」というのは、まさしく文字どおり「福祉事業」と直訳することができましょう。

近頃よくチャリティーということばを耳にいたします。チャリティー・ショウというのは純益を慈善救済の事業に寄付する目的で開かれますが、しかし、その場合、多少なりとも、そこに名利を期待する自我意識や優越の感情が働くとすれば、その慈善はたちまちに偽善へと堕落してしまうでありましょう。富める者が貧しき者に与えるのは単なる施しにすぎません。檀那波羅蜜とあるように、菩薩道としての布施は持てる者が持たざる者に与えるということではありません。「波羅蜜（多）」とはパーラミターの音与で、よく「到彼岸」と訳されますが、それはむしろ完成、究極、徹底を意味することばなのです。だから、たとえ他に与えるべき何物も所有していなくても、ある場合には自らの生命すら、他のために投げ与えて、しかもなお悔いることのないような、徹底した施し、究極の施与こそが、布施のこころなのです。つまり、まったき無私・無我の境地から、まず何よりも他者の利益を優先する人こそが真に「檀那」と呼ばれるにふさわしい人なのであり、そのこころこそが布施の本質ということになりましょう。だから真の福祉にとって重要なことは、布施する物の多少ではなく、慈悲のこころによる惜しみなき施与にあることは言うまでもありません。

大師はこの福と智の「二善を修し、四恩を抜済し、衆生を利益するときは、自利利他の功徳を具し、速やかに一切智智《いっさいちち》の大覚を証す。これを菩提といい、これを仏陀と称し、また真実の報恩者と名づく」とも説かれます。すなわち、さきに述べた福智の両面をともなう福祉の活動は究極するところ、成仏の道にほかならないということなのです。人間は人と人、人と物とのつながりのなかで、互いに生き、かつ生かされているのですから、まず他者を生かすことにより、自らもまた本来有する尊厳なるいのちに目覚め、真にその「いのち」を生きることを証得できるというのです。よく言われる「情《なさけ》は人のためならず」というのも、本来的には、いま述べたような意味内容を含んでのことでなければなりません。

これまで幾度となく言及したように、大師は「四恩の抜済」ということを強調します。四恩とは、経典によって内容が一様ではありませんが、大師はこれを父母・国王・衆生・三宝の四種とします。父母の恩については今さらいうまでもないはずです。衆生についてはすでに何度か触れました。三宝とは仏・法・僧の三つをいいます。三宝の恩とは、真に自らの尊厳なるいのちに目覚め、それを生きぬくことへの報謝のまこととといえましょう。問題は第二の国王の恩です。これを四恩の一に数えるのは、中国における大師の師主の一人、醴泉寺の般若三蔵が翻訳した『大乗本生心地観経』の所説によってのことであります。この経典および大師自身の国家観を理解しなければ、国王の恩ということについて、あらぬ誤解を生ずることになりましょう。この経典が説く国王とは、自在をもてるがゆえに、人民の繁栄は一にかかって国王によるのであり、したがって国王は善政によって人民の福祉を増進しなければならないというものなのです。さきに述べた転輪聖王の理想がその背景にあることは言うまでもありません。国王は、あたかも親がひとりっ子を慈愍するように、つねに人民を擁護し、人民に大安楽を与えるものでなければなりません。

大師もまた、天長四年（八二七）四月に淳和天皇が百人の僧を大極殿に屈請し、雨乞いの修法を行なわせたときの願文で、「天皇は常に細心にこころをくだいて身心を浄め、かつ自らの行動をつつましやかにし、人民の福祉に心をくだき、人民の犯す罪はすべて天皇自身に帰せられるべきもの」という意味のことを述べ、天皇のあるべきように触れています。続いて大師は「それ国は民《たみ》をもって基《もとい》となし、人は食をもって命とす。人の命のかかるところは、これ食、これ衣なり」とも言います。ここに、大師の国王観、国家観がよくうかがわれると思います。つまり、国王は自在を有するがゆえに国家を代表するものであり、国家を象徴するものであるとしながらも、しかしその国家は人民をもってもといとするというのです。すなわち民主国家の考えこそ、大師の国家観であったといえましょう。『秘蔵宝鑰』のなかで「憑《たの》み仰ぐこと他にあらず。ただ国家を鎮押し、黎元《れいげん》（万民）を利済するにあり」と言うのも、大師の目標が一にかかって社会福祉の実現にあったことをよく表わしています。通例として、大師の真言密教は鎮護国家の宗教であるといわれます。大師が真言密教を「仏の心、国の鎮」と目されたことはすでに述べたとおりです。さらに真言の教えは「国を護り、家を護り、己れを安んじ、他を安んず」ともいわれます。『仁王経開題』においても、大師は「有情世間（人類の社会）および器世間（自然界）を合して国となす。般若はよくこの二世間を護り、災を攘《はら》い福を招くがゆえに、護国と名づく」と説いています。鎮国といい護国というのは、大師にあっては、とりもなおさず国のもといたる人民と自然の環境とを守り、利済することにほかならず、社会の災害を除き、大衆の福祉を増進する以外のなにものでもなかったのであります。大師が曼荼羅をつくり、塔堂を建て、池を修築し、教育機関を設けたのも、すべて「群生の無福を悲し」んでのことであったのです。「法界はすべて四恩なり」という大師のテーゼからすれば、結局、四恩とは世界のありとあらゆるもの、生きとし生けるもののすべてということになりましょう。したがって、四恩の報謝と抜済ということは、とりもなおさず人類相互の共存を目指す福祉世界の実現なのであり、人類と自然の生態系すべての調和ある共存ということになるのです。そここそ、いま全地球的課題である人類の未来の可能性を、われわれは見ることができるのです。

いのちの道―弘法大師空海の遺誡―

『御遺誡』こそ末徒の指針

弘法大師空海がわれわれ末徒に対して示された教誡は、これを広義に解するなら、大師のあらゆる著作のなかに説きあかされている内容のすべてということになりましょう。単に著述だけでなく、大師の生涯にわたる行動や足跡もまた、われわれの歩むべき道しるべとなるべきものであることは、改めて言うまでもないことです。

しかし、大師が直接、末徒に遺された誡《いまし》めを狭義的にみた場合には、真言行者の真にあるべきすがた、そしてその踏み行なうべき道を端的に示された「御遺告」類をあげることができるでしょう。さらに、これまであまり顧みられることのなかった大師の書簡とか、あるいは諸種の「開題」のたぐいも、時に具体的で身近かな問題についての教誡が示されている点で、看過しえないものと言えましょう。

なかでも、大師が弘仁四年（八一三）五月の末に著わされた『御遺誡』は、確実に大師自身の筆になるものか否かにかかわりなく、真言行者としての自覚、踏み行なうべき道の規範を明示し、また真言密教の要諦とその存在価値をあかし、しかも修道の肝心を説いている点で、きわめて意義深く、かつ重要なものと言わなければなりません。

この、いわゆる「弘仁の御遺誡」は全文わずかに四四三字からなる簡潔なものではありますが、このなかに、われわれは大師の教説の真髄たるべきキーワードを殆どすべて見出すことができます。同時にまた、大師が新来の真言密教を、従来の旧仏教のさまざまな体系のなかで、どのように位置づけ、新しい真言の教えを、どのように宣布しようとしたかを窺うこともできるのです。

したがって、このきわめて格調の高い文章は、すべての真言末徒はもとより、人すべてがつねに座右に備えて反覆味読し、ともすれば惰性に流れがちなわれわれの生活への反省と精進の糧とすべきものでありましょう。大師が親しく諭《さと》されたこの『御遺誡』の精神を、一人びとりが心に容《い》れ身に体《たい》し、その精神の発露につとめることこそ、すべての末徒の義務であり、報恩のまことをつくすことともなるべきものでありましょう。それこそがまた、われわれの生きる道でもあり、そこにこそ、まことの同行二人の道があるとも言えましょう。

この『御遺誡』は、その内容からみて、ほぼ次の七項目に分科することができます。

一、出家の意義（宗教者としての自覚）
二、顕密二戒の遵守（倫理道徳と宗教、生きる道と生かす道）
三、三心平等（即身成仏の正当性と可能性、大いなるいのちの自覚）

四、弁顕密二教（密教の優位性と全仏教の融和統摂の可能性）
五、師資の道（密教の修道における法の授受、阿闍梨と弟子との関係）
六、本尊の三摩地（入定の主体的体験、大いなるいのちへの帰入、本源への回帰）
七、二利円満と四恩の抜済（宗教生活と社会生活との相即、いのちを生かし生かされる道）

つまり、その内容からみて、この『御遺誡』は、いわば、われわれ末徒が真に生かすべき尊厳なる「いのち」に目覚め、その「いのち」をいかに「生かす」べきかの指針となるものであることが納得されるでありましょう。だからこそ、心ある人びとは古くから、この『御遺誡』を座右の銘として奉戴してきたのです。そのことは、写本によっては、この『御遺誡』の冒頭に、「真言家末葉の弟子等、宿業の故に、甚だ以て愚迷なり。須らく文に就いて意を用うべし。仍《よっ》て此の文を以て常に座右に置き、心驚の縁となすのみ」と書きたされていることによっても知られましょう。

勿論、この冒頭におかれている文章は大師自身の筆になるものではなく、後世、末徒の現状を憂えるなんぴとかによって加筆されたものと思われます。しかし、真言の末徒たちは宿業のゆえにはなはだ愚かで、道を誤っているという警告は、たとえそれが大師自身のことばでないとしても、われわれの、つねにもって他山の石とすべきものでありましょう。

『御遺誡』の成りたち

この『御遺誡』が一体どのような事情と過程によって成りたつに至ったのか、簡単に言及しておきましょう。弘仁四年の成立といえば、弘法大師四十歳のときであり、その生涯にわたる多くの著作のなかにあっては、比較的初期の撰述に属します。

よく知られているように、大師は入唐留学に際して、当初、二十年間の滞在修学を予定されておりました。しかし、当初の予定を変更して、急遽、唐土から帰国の途につき、筑紫に到着したのは大同元年（八〇六）の初冬でした。この年の十月二十二日には、留学の成果を報告する『御請来目録』を上表文とともに朝廷へ上呈しています。その上表文のなかで、大師は「期を闕《か》くの罪、死してなお余りあるべし」と、所期の滞在期間の短縮を陳謝しながらも、得がたき真言密教の秘法を生きて請来しえた喜びを披瀝しています。あわせて、真言密教の本質を明示し、その教えを宣揚することによって、社会の真の安寧と大衆のまことの福祉をはかろうとの悲願を吐露しました。

しかしながら、それにもかかわらず、大師が都に入ることを許されたのは、帰国後三年余りもたった大同四年（八〇九）の秋だったのです。その理由について、学者たちはいろいろに詮索し、推量していますが、ここでその問題について深く立ちいることはさしひかえましょう。ただ、大師の留学の成果を高く評価した人びとも、多くいたことは十分に予想されます。その一人が伝教大師最澄でした。

伝教大師は天台法華の研究のために、弘法大師とともに第十六次の遣唐使船で入唐しましたが、八か月余りの滞在の後、すでに延暦二十四年（八〇五）六月に帰朝していました。その伝教大師は唐からの帰国船を待つ間のわずかな期間を利用して、越州の順暁阿闍梨から密教を学んだのです。伝教大師にとっては予定外の密教受法ではありましたが、皮肉なことに、桓武天皇が帰朝早々の伝教大師に求めたものは、天台の教学そのものよりも、密教の修法による天皇自らの病気平癒、人心の鎮静、国家の安泰の祈願であったのです。もとより、伝教大師自身も、早くから密教に強い関心をいだいていたことは、すでに入唐以前に『大日経義記』を読んでいたこと、さらには帰朝ののち天台法華宗の年分度者として、一人は『大日経』、いま一人は『摩訶止観』を学ぶコースを定めたことなどによっても窺い知ることができましょう。しかしながら、自らの受法した密教が完全なものでないことは、誰よりも伝教大師自身がもっともよく自覚していたに違いありません。だからこそ、伝教大師は後に弘法大師に対して、新たに大師によって請来せられた密教経軌の借覧をいくたびも乞い、辞を低くして真言の受法を熱心に懇願し続けたのです。たとえば、弘仁二年（八一一）二月十四日に、伝教大師は高雄山の大師に書状を送り、秘密宗を習学したい旨を述べて、「此のたび、彼の御院に向かいて遍照一尊の灌頂を受け、七箇日ばかり仏子等の後に侍して法門を習学せん。和尚、若し無限の慈を垂れなば、即日必ず参奉せん。伏して乞う、指南を垂れ、進止せられよ、云々」と、きわめて謙虚に受法の志をあかし、大師の直弟子たちの後に侍って、ともに真言の秘法を習学することの許しを乞うています。こうした書状は他になお幾通か残存していますが、もっともよく知られている付法は高雄山における灌頂でありましょう。

この高雄における灌頂の約束は、伝教大師が南都での維摩会に出席した折の帰途、弘仁三年十月二十七日に、その弟子光定とともに乙訓寺に弘法大師を訪ね、そこで一泊したときにかわされました。このとき、伝教大師は大師が請来した両部の大曼荼羅を、はじめてまのあたりに拝見することができたのです。今ここに、長らく求め続けた真言受法の確約を漸く得ることができて、伝教大師の心は深い歓びにみたされました。伝教大師は、そのときの喜びの感慨を「其の許すところを計るに、諸仏の加《よみ》する所なり」と近江の高島に隠遁していた同法者の泰範に書き送っています。

その泰範に宛てた書状のなかで、伝教大師は乙訓寺での弘法大師のことばをそのまま伝え、ともに受法の庭に列することを強くすすめています。煩を恐れず、その折の書状を訓み下して出してみましょう。

「比叡山の老僧最澄、敬《うやま》って白《もう》す。

受法灌頂すべき事

右、最澄、去月廿七日頭陀《ずだ》の次《ついで》を以て乙訓寺《おとくにでら》に宿し、空海阿闍梨に頂謁《ちょうえつ》す。教誨慇懃《きょうかいいんぎん》たり。具《つぶさ》に二部の尊像を示され、又、曼荼羅を見せしむ。倶《とも》に高雄に期《ご》す。最澄、先に高雄山寺に向う。同月廿九日を以て、阿闍梨（空海）永く乙訓寺を辞し、永く高雄山寺に住す。即ち告《つ》げて曰《いわ》く、『空海、生年四十、期命《きめい》尽くべし。是を以て、仏を念ぜんが為の故に、此の山寺に住す。東西することを欲せず。宜《よろ》しく持する所の真言の法、最澄闍梨に付属《ふしょく》すべし。惟《おも》うに、早速に今年の内に付法を受取せよ、云々』と。

其の許す所を計《はかりみ》るに、諸仏の加する所なり。来る十二月十日を以て、受法の日と定め已《お》畢《わ》る。伏して乞う、大同法（泰範）、求法の故に早く叡山に赴《おもむ》き、同じく其の調度を備《ととの》えしめ、今月廿七日を以て高雄山寺に向え。努力《ゆめ》、努力《ゆめ》、我が大同法、思い留ること莫《な》かれ。委曲《いきょく》の状、光仁仏子に知らしむ。謹しんで状《しる》す。

弘仁三年十一月五日　小同法最澄状上

高島旅同法範闍梨座前

若し有縁の同法、当来の因を結ぶとならば、各々粮《ろう》を持して上り来れ。灌頂の料物は各々力に随わんのみ。謹空」

思えば、この書状が泰範をして叡山から弘法大師のもとへと長く身を寄せる機縁となったのでありました。それはともかく、この書状のなかで、二重のかぎかっこで示したのが、乙訓寺で大師が伝教大師に直接語ったことばです。同じようなことは、この年、すなわち弘仁三年十一月十九日に、伝教大師が来るべき高雄山での灌頂の資具の援助を乞うて差し出した藤原冬嗣宛の消息のなかでも、「空海、今、無常を告げて高雄に隠居す」と書き添えられています。「期命尽くべし」といい、また「無常を告げて」という大師自身のことばに、われわれは大師が新来の真言密教の宣揚流布にいかばかり心をくだき、身をさいなまれたかを、ひしひしと感ずることができ、胸の痛む思いがいたします。帰朝早々、『御請来目録』のなかで披瀝された尊い誓願にもかかわらず、大師にとって四囲の情況はきわめて厳しいものがあり、秘法宣布のおもいもまた、必ずしも意のままには進まなかったように見受けられます。この間の事情は、後に真済《しんぜい》、真然《しんぜん》の両者が入唐留学するに際して、実恵《じちえ》が青竜寺の同侶に宛てた書状によっても窺い知ることができましょう。この書状のなかで、実恵は「(真言の)道は余宗より高く、教は常習に異なる。此の間、法匠各々矛盾を為し、肯えて服膺せず。十余年の間、建立を得ることなし」と記し、大師の帰朝後十余年の間は、真言密教の教線確立が思うにまかせなかった由を伝えています。

いかに甚深微妙の法ではあっても、その法は人を俟ってはじめて興るものであります。今まさしく「期命尽くべし」と感じ、「無常を告げる」ような状況のもとで、大師の脳裏をかすめたのは唐土での師主、恵果和尚のことばであったろうと思われます。大師が青竜寺に恵果和尚を訪ねたとき、すでに和尚は「如今《いま》、此の土《くに》の縁尽きなんとす。久しく住すること能わず。（中略）汝（空海）が来れるを見て、命の足らざるを恐れぬ」と言われるほどの状態でありました。爾来、半年の間に、悉く真言の大法をあたかも瀉瓶のごとくに伝受されおわったとき、「早く郷国に帰って、以て国家に奉り、天下に流布して、蒼生の福を増せ」とおおせられた師主のことばが、今ありありと大師の耳底によみがえったに相違ありません。

すでにその頃、大師のもとには実恵とか智泉といった若干の有望な弟子たちはいたでありましょう。しかし、大師の遠大な志を継ぎ、真言の大法を世に昂揚するだけの人機はなお熟していなかったと言わざるをえませんでした。そのようなときに、すでに天台において一家をなしながらも、なお真言密教の法を求め続け、その受法を熱心に懇請し続けてきた伝教大師に対して、今まさに、自ら唐土において学び修してきた秘法のすべてを付嘱しようと決意したのであります。

当時の高雄山にはなお伝教大師の住房もあったようですが、そこには当然ながら食料のそなえはありませんでした。ただちに伝教大師は使者を泰範のもとに遣わして、食料の調達を依頼しています。伝教大師の異常な熱意により、高雄山寺の檀越であった和気真《わけのま》綱《ずな》などの外護もあって、約束どおり十一月十五日には金剛界の灌頂が、また翌十二月十四日には大悲胎蔵の灌頂が行なわれました。

　この高雄山における灌頂について、後に比叡山の座主を継いだ円澄は、「十二月十五日を以て灌頂の道場を開いて、百余の弟子とともに持明灌頂の誓水に沐し、十八道の真言を学す」と、大師に書き送っています。『灌頂暦名』の日付と一日のずれがありますが、これは円澄の思い違いでありましょう。いずれにせよ、この円澄の書状から、持明灌頂の後に、十八道の印明をも伝授されたことがわかりますが、これは法華儀軌による一尊の瑜伽を授けるためであったのです。円澄はその書状のなかで「梵字真言の受学、稍《やや》、難《かた》し」と記して、重ねて大師からの大法の受法を要請しています。

　明けて弘仁四年（八一三）の三月六日には、前年暮の金剛界灌頂に入壇しえなかった泰範、円澄、光定の諸師ら十七名のために、再び金剛界の灌頂が行なわれました。この前後三回にわたる灌頂の入壇者に対して、真言行者としての在りようについて教誡を示したのが、実に、この弘仁の『御遺誡』であったのです。高雄山には、灌頂の後も、なお引き続いて滞留して真言の法を修学する人びとがかなりの数にのぼりました。泰範、円澄、光定なども、そうした人びとのなかの一人でした。当然のことながら、これらの修学僧の世話をする近侍者たちも、ともに高雄の山上で生活することになったのでありましょう。当時の高雄山には、なおまだ伝教大師の住房も存在していましたし、かつて伝教大師が今は亡き和気広世《わけのひろよ》から寄進された文書入れの厨子なども、その住房に置かれたままになっていました。その厨子を暫く泰範に借し与えるとの伝教大師の手紙も今日残っています。

こうした情況にあった高雄山での衆徒を和合せしめるために、弘法大師はまず弘仁三年の十二月に高雄山寺に三綱《さんごう》を定め、杲隣《ごうりん》を上座、実恵を寺主（摩摩帝《ままてい》）、智泉を維那《ゆいな》（羯磨多那《こんまたな》）に任じ、さらに義恵《ぎけい》を直歳《じっすい》に除しています。ここに、真言密教宣布の礎《いしずえ》がようやく固められ、大師の身内に秘めた大いなるいのちが、再び息吹き始めたのです。この内なる大いなるいのちの息吹きの第一声が、まさしく弘仁の『御遺誡』であったのです。

この『御遺誡』が直接には高雄山における灌頂の受者を対象としていることは、そのなかに見られる対告衆《たいごうしゅ》の呼び名、「諸《もろもろ》の近円《ごんねん》、求寂《ぐじゃく》、近事《ごんじ》、童子《どうじ》等」というのが、弘法大師自筆の『灌頂暦名』に記入されている入壇者の身分上の区分、すなわち「太僧衆《たいそうしゅ》」「沙弥衆《しゃみしゅ》」「近士衆《ごんじしゅ》」「童子《どうじ》等」と完全に相応している事実から明白となりましょう。近円とはサンスクリット語のウパサンパンナの直訳であり、具足戒を受けた太僧を意味しています。求寂とはシュラーマネーラ（沙弥）の意訳であり、また近事とか近士というのは、同じくウパーサカ（優婆塞）の意訳で、男性の在俗信者たる近侍者をあらわしています。

こうした、さまざまな灌頂入壇の受者を、大師はすべて「吾が弟子」と見なしました。『御遺誡』のなかで、大師はかりそめにも、わが教誡に違うものは、すべて「仏弟子に非ず、金剛子に非ず、蓮華子に非ず、菩薩子に非ず、声聞子に非ず、吾が弟子に非ず。我もまた彼が師に非ず」と記されています。きわめて簡潔な『御遺誡』の文章のなかにあって、この箇所のみがいかにもくどくどしく感ぜられるかもしれません。しかし、この箇所には大変重要な意義が秘められていると、私には思われるのです。つまり、ここには声聞（縁覚）の小乗、および菩薩の道たる大乗の一般仏教、すなわち顕教から、胎蔵系（蓮華子）と金剛頂系（金剛子）の両部の密教に至るまで、釈尊以来のあらゆる形態の仏教がすべて含意せられていると解されるのです。時代により、また地域によって、さまざまに展開したこれらの教えは、しかし、すべて仏の教えであり、その信奉者はみな仏弟子ということで総括しうるものであります。

当時、わが国には倶舎《くしゃ》、成実《じょうじつ》、律《りつ》、三論《さんろん》、法相《ほっそう》、華厳《けごん》の六宗が存在し、他に新来の天台、それに弘法大師の真言がありました。高雄山での灌頂には、これらの諸宗を学ぶ多くの人びとが参加し、入壇しました。もとより、こうした諸宗の教説は、それぞれの機根にとっては各々がその存在の意義と価値を有するもので、いずれを取り、いずれを捨てるというものではありません。たとえ仏教以外の宗教とても、すべてが聖人、賢者の教えであって、その志向するところは同じとみるのが、弘法大師の終世かわらぬ態度でした。むしろ、すべての教説には深秘な密意がひめられているとする立場といった方が、一層適切かもしれません。たとえば前述のように『般若心経秘鍵』とか諸種の「開題」類をみれば、そのことは明白でありましょう。

しかしながら、歴史的なブッダである釈尊が法身大日如来の一顕現である限り、それぞれの仏説にも機根にもとづく浅深優劣の差異があるのは当然のことでありましょう。だから、弘法大師は「法海は一味なれども、機に随って浅深あり」と明言しています。こうした密教の優位性の主張はすでに早く大師の帰国第一声ともいうべき『御請来目録』のなかにみられますが、その論証は後に『弁顕密二教論』において精緻をきわめることになります。それは、端的にいえば、なによりもこの真言の法が「諸仏の肝心、成仏の径路」であることに尽きるのですが、しかし、だからといって、さまざまな教説もけっして相互に矛盾対立するものではなく、すべてが止揚調和せられるべきものとの確証が、大師にはあったのです。中核なき統一は単なるみせかけの集合にすぎません。その中核となるべき融和統摂の原理こそ、まさしく真言密教のマンダラの精神でありました。『大日経疏』巻三には、「また、此の経宗は横に一切の仏教を統《す》べる」とあるとおり、密教自体に包括統摂の原理があるとするのです。

だから、大師が『御遺誡』のなかで、仏弟子、金剛子、蓮華子、菩薩子、声聞子と列記されているのは、まさしく教界におけるマンダラ世界の実現をはかり、わが国における全仏教の融和統摂の可能性と正当性を象徴しているものといえましょう。いわば全一なる僧伽、和の世界の実現を目指したものといえます。その論証は、後に『十住心論』『秘蔵宝鑰』によって世に問われることになります。このように見てくれば、『御遺誡』において「吾が弟子に非ず、我もまた彼が師に非ず」とあるのも、けっして単に大師の己れ一人のみの孤高性を自負してのことばではなく、いわんや狭い同族意識のあらわれでもないことが納得されるはずです。実に、この「われ」とは、そのままに大日如来を指していると解さなくてはなりません。なぜなら、密教の阿闍梨は真理そのものの具現者でなければならず、阿闍梨はそのままに法身大日如来にほかならないからであります。大師信仰が正しく成立しうる原理も、実はそこにあるのです。

三国伝来のあらゆる形態のブッダの教えも、つまるところは、本質的本来的に大日如来の自内証の教え、すなわち真言密教に帰納すべきことが、この『御遺誡』ですでに表明されているとみることができます。とすれば、この『御遺誡』は真言宗の成立の宣言というよりは、むしろ、わが国における全仏教の融和統摂を目指す第一歩であったということもできましょう。いたずらに狭いセクトの殻に閉じこもることなく、大空位への遊歩を目指すユニヴァーサルな立場こそが、弘法大師の人と思想の大きな特徴であったといえるでしょう。

「生かせいのち」の指針

いわゆる弘仁の御遺誡が、直接には伝教大師をはじめとする高雄山での灌頂入壇者に対する教誡であったことは、すでに述べたこの『御遺誡』のなりたちからみて明らかです。しかしながら、この『御遺誡』が、灌頂壇に入って真言の教法にあずかりえた人びとの指針である限り、そこに示された教誡は、そのまま、またわれわれすべての末徒らに対するものでもあることはいうまでもありません。それはあたかも、釈尊が鹿野苑において最初の説法を行ない、さらに帰仏した六十人の弟子らに対して、「汝らは一切の束縛を脱した。衆生の利益《りやく》のために遊行すべきである」と教誡されたことに相応するものといえましょう。

そこで、まず大師の『御遺誡』の全文を訓み下してかかげ、なかんずく重要と思われる二、三の教誡について、われわれ末徒への指針をくみとることにしましょう。

『遺誡』

（出家の意義）

諸《もろもろ》の弟子等に語《つ》ぐ。凡《およ》そ出家修道は本《もと》、仏果を期《ご》す。更に輪王《りんのう》、梵《ぼん》、釈《しゃく》の家を要《もと》めず。豈《あに》況《いわん》や人間少少の果報をや。

（顕密二戒の遵守）

発心《ほっしん》して遠く渉《わた》らんには、足に非ざれば能《よ》くせず。仏道に趣《おもむ》き向かわんには、戒に非ざれば寧《なん》ぞ到らんや。必ず須《すべか》らく顕密の二戒堅固に受持して、清浄にして犯すこと莫《な》かるべし。所謂《いわゆる》、顕戒とは三帰、八戒、五戒、及び声聞、菩薩等の戒なり。四衆《ししゅ》に各《おのおの》、本戒有り。密戒とは、所謂《いわゆる》、三摩耶戒《さんまやかい》なり。亦は仏戒と名づけ、亦は発菩提心戒《ほつぼだいしんかい》と名づけ、亦は無為戒《むいかい》と名づく。

（三心平等）

是《かく》の如くの諸《もろもろ》の戒は十善を本となす。所謂、十善とは身三、語四、意三なり。末を摂して本に帰すれば、一心《いっしん》を本となす。一心の性は仏と異なることなし。我心《がしん》と衆生心《しゅじょうしん》と仏心《ぶっしん》との三、差別なし。此の心に住すれば、即ち是れ仏道を修す。是の宝乗に乗ずれば、直ちに道場に至る。

（弁顕密二教）

若《すなわ》ち、上上智観は即身成仏の径路《けいろ》なり。上智観は即ち三大に果を証す。中智観は縁覚乗、下智観は声聞乗なり。

是《かく》の如くの諸々《もろもろ》の戒具足せざれば、慧《え》眼闇冥《げんあんめい》なり。此の意を知って、眼命《げんみょう》を護るが如くすべし。寧《むし》ろ身命を棄つるとも、此の戒犯すこと莫かれ。若し故《ことさら》に犯す者は仏弟子に非ず、金剛子に非ず、蓮華子に非ず、菩薩子に非ず、声聞子に非ず、吾が弟子に非ず。我も亦、彼が師に非ず。彼《か》の泥団《でいだん》、折木《せつぼく》と何ぞ異ならん。

（師資の道）

師資《しし》の道は父子よりも相親《あいちか》し。父子は骨肉相親しと雖も、但《ただ》、是れ一生の愛にして生死の縛《きずな》なり。師資の愛は法の義をもって相親《あいちか》しみ、世間、出世間に苦を抜き楽を与う。何ぞ能く比況《ひきょう》せん。所以《かるがゆえ》に、慇懃《いんぎん》に提撕《ていぜい》して之を迷衢《めいく》に示す。若し我が誡《いましめ》に随わば、即ち是れ三世の仏の戒に随順するなり。是れ則ち仏説なり。是れ我が言にあらず。

（本尊の三摩地）

諸の近円《ごんねん》、求寂《ぐじゃく》、近事《ごんじ》、童子《どうじ》等、此等の戒を奉行《ぶぎょう》して、精《もっぱ》ら本尊の三摩地を修し、速やかに三妄執《さんもうじゅう》を超えて三菩提《さんぼだい》を証し、

（二利円満と四恩の抜済）

二利を円満し、四恩を抜済すべし。所謂、冒地薩埵《ぼうじさった》、豈《あに》異人ならんや。我が教誡に違《たご》うは、即ち諸仏の教に違うなり。是れを一闡提《いっせんだい》と名づく。長く苦海に沈んで何《いずれ》の時にか脱することを得ん。

我も亦、永《なが》く共に住して語《つ》げず。往去《ゆきゆき》て住《とど》まること莫かれ、往去て住まること莫かれ。

弘仁四年仲夏月晦日

(1) 宗教者としての自覚

弘法大師は『御遺誡』の冒頭で、まず出家の本意をかえりみ、入道の源由をたずねることをもとめます。肉親縁者、家屋、財産など、すべてを捨てて一所不住の遍歴を続ける出家の風習は、仏教のおこる遥かに以前から、沙門《しゃもん》と呼ばれる宗教者たちの間で行なわれていました。その目的は、あらゆる妄執を完全に捨て去った無所得の境地に達することにあったのです。彼らは解脱を妨げるものは欲望であり、その欲望はすべて執われの心に起因すると考えました。釈尊もまた、「妻子も父母も財宝も穀物も、親族やその他のあらゆる欲望までも、すべて捨て去って犀の角のように、ただ独り歩め」と説き、なによりも恩愛のきずなを断ち切らない限り、とこしなえに苦しみの獄《ひとや》につながれると誡められています。たとえどのような宗教であれ、清貧と禁欲とがその前提条件とされるのも、それが心の浄化にとって欠くべからざるものであり、心の浄化が解脱への第一歩となるからにほかなりません。

大師もまた、右大臣の藤原冬嗣に宛てて、「嗟呼《ああ》、俗に在って道《どう》を障《さまた》ぐること、妻子尤《もっと》も甚し。道家《どうけ》の重累《ちょうるい》は弟子にして、是れ魔なり。弟子の愛を絶って、国家の粒《りゅう》を却《しりぞ》けんには如《し》かず」と書き送っています。家庭生活をいとなみながらの求道がいかに至難なわざであり、その障りともなる妻子への恩愛がいかに断ちがたいものであるかは、われわれのつねに経験するところです。しかも、現在、殆どの出家者が妻帯している状況のもとで、この祖師のことばに帰ることは一体どのようにして可能となるでありましょうか。

『維摩経』には、出家について次のように説かれています。すなわち、真の出家とは形相を離れたものであり、愛欲の泥沼をわたる橋である。愛着や執着することがなく、混乱することもなく心の静けさを助長するもの、それこそが出家というものである、と。いいかえれば、形にとらわれることなく、こよなく正しい悟りの心を発し、専心して修行すること、それこそがまことの出家ということになりましょう。菩提《さとり》の心を発《おこ》すことは、仏の世界、真実の世界に目覚めることであり、如実に己れの心を知ることでもあります。なによりも仏果、すなわち菩提を求める宗教者としての自覚こそが、出家の第一義でなければなりません。

寺門興隆のための出家ということも、僧職が殆ど世襲となってしまっている現在においては、それなりの大義をもっています。しかし、忘れてならないことは、かつて聖帝や賢臣が諸大寺を建立して出家者を任せしめたのも、あるいは広大な土地を寄進したのも、ただひたすらに社会を安寧ならしめ、大衆の福祉をはかり、人びとを済度するためであったということです。現在、宗教法人の不動産などに対して資産税が課せられないのも、まさしくそのためでありましょう。

出家者がこうした出家の本意、修道の根本を忘れ、頭を剃っても欲を剃らず、衣を墨染めにしても心を染めずに、ただ欲望のままに人間の果報のみを求めるとすれば、仏道は地に堕ち、人びとの心が離反するのは当然でありましょう。

よしんば利得や名声に心うばわれることがないとしても、転輪聖王《てんりんじょうおう》、梵天《ぼんてん》、帝釈《たいしゃく》の天界への再生を望むことも、真の出家者のとるべき道ではありません。いうまでもなく、これはバラモン教で説かれる解脱、すなわち生天の思想であります。われわれはいたずらに、幻のごときユートピアを彼方に夢見てはなりません。「それ仏法は遥かにあらず、心中にしてすなわち近し。真如は外にあらず、身を棄てていずくにか求めん。迷悟われにあれば、発心すればすなわち到る。明暗他にあらざれば信修すればたちまちに証す」というのが、実に弘法大師の宗教的立場であり、宗教者としての自覚への指針でもあるのです。

(2) 倫理と宗教──生きる道と生かす道──

およそいかなる宗教であれ、宗教生活は戒律の遵守に始まることは、洋の東西を問わず一様に認められるところです。だから、宗教界が紊乱したとき、つねに心ある人びとによって叫ばれるのは戒律の復興でした。近世では、慈雲尊者の十善法語がそうであり、近代の雲照律師の戒律運動がその一例であります。

さとりの世界を実現する道は、まずなによりも戒の遵守によるのであり、だからこそ仏道を志す者に対して、まず受戒の儀式がとり行なわれるのです。その際、重要なことは、戒の有する意義、戒をたもつことの宗教的意義を説き示して、人びとの自覚をよび起こすことでありましょう。真言行者は密教の戒はもとよりのこと、声聞の戒、菩薩の戒、すなわち小乗、大乗の一般仏教で説かれるあらゆる戒も、ともに二つながら堅固にたもつべきことが表明されています。この点は小乗の戒を捨てて、ただ大乗の菩薩戒のみを採用しようとして苦闘した伝教大師の立場と大きく異なるところです。すべての教え、あらゆる誡めに対して、それぞれの意義と価値を認めた弘法大師の普遍的な精神を、われわれはここにおいても見出すことができます。

釈尊以来、さまざまに説かれた多くの戒も、つまるところは十善がもといとなっています。十善とは、いうまでもなく、不殺生、不偸盗、不邪婬、不妄語、不両舌、下悪口、不綺語、不貪欲、不瞋恚、不邪見です。一見して、これらの徳目はいかにも消極的な禁制のように思われますが、けっしてそうではなく、むしろ積極的な善行を内容としています。だから、慈雲尊者はこれを慈悲、高行、貞潔、正直、尊重、柔順、交友、知足、忍辱、正智におきかえています。われわれ一人びとりが、すべてこの十善の教えを正しく守りうるならば、世の中の様相はずいぶんとかわったものとなるでありましょう。しかも、これらの徳目はいずれも人種、民族、風習、宗教、イデオロギーなどにかかわりなく、いやしくも人間である以上は、誰しもが納得し、遵奉できるものであります。いわば十善は倫理道徳の精髄、生きる道の要ということになりましょう。

ところで、この倫理道徳の真髄は、さらに煎じ詰めれば、一心をもといとなすと言われます。一心とは真如とも呼ばれ、宇宙の根本原理であり、万有の実体でもありますが、ごくひらたくいえば、「まことの心」ということになりましょう。まことの心とは菩提の心ということであり、したがってそれはまた、仏の心ということにもなります。つまり戒の真髄は、本来われわれが有する菩提の心に目覚め、その心を発すことにあるのです。それがまさしく密教の戒なのであり、これが仏戒とも発菩提心戒とも呼ばれるのは、そのためです。この密教の戒の本質を、さらに詳しく説きあかしたものに、大師晩年の『三昧耶戒序』があり、実際にこの戒の内容と、それを授ける作法を示したものに『秘密三昧耶仏戒儀』があります。

この密教の戒は当然のことながら、自己の心と、ありとあらゆるもの、生きとし生けるものの心と、そして絶対者たる仏の心との、これら三つの心が、本質的本来的には何ら差別なく、絶対に平等であることを自覚せしめるのです。「三昧耶」とは、この絶対平等の自覚を意味しています。だから、密教の戒はまた、三昧耶戒とも呼ばれます。つまり密教の戒は真実究竟の仏の世界を自覚し、それを自らのうちに体現することであって、まさしく即身成仏の径路、すなわち、まことの「いのち」に目覚め、そのいのちを生かす道にほかなりません。したがって、大師にあっては、倫理の道は人間の真実のすがたを自覚する立場を通って、さらに深い宗教的領域にまで高められているといえましょう。ここにもまた、宗教の源泉としての道徳の観念を見出しうるともいえましょう。そのことを、われわれは日々の瑜伽観法の行において、「三密観」「浄三業」「三部三昧耶」ないし「発菩提心」「三昧耶戒」を修しながら観じているはずです。

(3) 本尊の三摩地

三昧耶戒の本質をなす三心平等の原理、すなわち自己と衆生と仏との三つの心が本質的本来的には絶対に平等であるということは、いいかえれば仏の世界、真実の世界は生死の存在の世界そのものであり、それがまた、とりもなおさず自己の当体にほかならないということでありましょう。一見、何の秩序も統一もなく、生死をくりかえしているかに見える存在のさまざまな現象も、実はそれがそのまま仏の世界、真実の世界にまろやかに相即し、円融しているのです。大師は『御遺誡』を著わした年の秋に、自らの中寿（四十歳）を感興する詩を詠じていますが、その序文で「法仏は本より我が心に具し、二諦の真俗は倶に是れ常住なり。禽獣卉木は皆是れ法音なり。安楽覩史《あんらくとし》は本より来《このかた》、胸の中なり」と説いています。つまり、真実の世界、仏の世界は本来的には、人それぞれの心のなかにそなわっているのであって、世間の生死のうつろいも、とこしなえの仏の世界も本質的には異なるものではないのであります。だから、存在そのものはまさしく仏のあらわれであり、鳥や獣の鳴く声も、草木の靡《なび》く音とても、すべてが法身大日如来の説法にほかならず、真実《まこと》のことばなのです。安穏で平和な浄土の世界も、本来みずからの胸中にあることに人びとは気づいていないだけなのです。

こうした世界の真の構造的な在り方が「瑜伽《ゆが》」と呼ばれます。「六大無碍《ろくだいむげ》にして常に瑜伽なり」というのが、そのことを端的にあらわしています。つまり、真実の世界は瑜伽の境位にあるということになりましょう。したがって、われわれはその瑜伽によってのみ、世界の実相を自覚できることになります。この瑜伽観法の方法が「本尊の三摩地」なのです。『秘蔵記』には、「本尊と我れと無二無別なり。（中略）諸仏は遍法界の身なれば、吾が身は諸仏の身の中にあり。吾が身は遍法界の身なれば、諸仏の身は吾が身の中にあり」と述べて、この身の外に本尊のあり得ないことを説いています。同じく『秘蔵記』には、「一切衆生の各別の身の中の本来自性清浄の理も、世間、出世間において最勝最尊なり。我れと仏と及び一切衆生と、無二無別なり。是れ三平等の心なり」と記されています。しかし、かえりみて、この厭うべき現実の身と心を離れて本尊のありえないことを体得し、現実の生死の根源態のほかに仏なしとさとることは、ただ形ばかりの修法によっては不可能でありましょう。

もとより、その理論的な正当性と可能性とは、『即身成仏義』『声字実相義』『吽字義』などによって論証されてはおります。また、大師は『梵網経開題』のなかで、「一切の無明煩悩は大空三昧《だいくうざんまい》に入りぬれば、すなわちすべて所有《とらわれ》なく、一切の塵垢すなわち財となる。仁王（般若経）所説のごとく、菩薩いまだ成仏せざるときは菩提は煩悩となり、すでに成仏するときは、煩悩は菩提となる。また、婬欲すなわち是れ道《どう》、恚癡《いち》もまたしかり等というは、また是れなり」とも説きあかしています。煩悩の迷いが、実はそのままに菩提の心であり、愛欲のおもいすらも悟道につながるということは、大空三昧に入定してはじめて、単なる観念ではなく、事実として体得できるということなのであります。このいわば身心が全人格的に本質に還元されるる大空三昧、あるいは本源へと回帰せしめる本尊の三摩地は、阿闍梨すなわち正しい師につくことによって、はじめて可能となるものです。『大日経開題』（大毘盧遮那）において、大師は「諸仏如来は必ず師によって覚る」といわれ、「本有の仏性ありといえども、必ず仏の警覚を待って、いましよくこれを悟る」と説きます。正しい阿闍梨につくことによって正しい法が相承されることはいうまでもありません。正しい阿闍梨とは、まさしく真理の具現者をいうのであって、その阿闍梨はそのままに仏であり、八祖につながり、大日如来へと溯源するものでありまます。真言密教において師資の道がきわめて重要視されるのも、そのためであり、われわれは伝法灌頂によってそのことを如実に体解《たいげ》しているはずです。この『御遺誡』もまた、単に大師自身のことばというよりは、そのまま仏説につながり、大日如来の説法というべきことは、『御遺誡』のなかで「若し我が誡に随わば、即ち是れ三世の仏の戒に随順するなり。是れ則ち仏説なり。是れ我が言にあらず」といっていることからも明らかでありましょう。

(4)　四恩の抜済

ところで、本尊の三摩地の体験によって、三心平等の理《ことわり》が完全に自覚されるとき、当然あらゆる修道は単に己れ一人のためばかりでなく、あまねく他のすべてを利益することにつながっていることに気づくはずです。自我をつねに他人と対立抗争的にとらえる見方は、西洋にあっては古くから一貫してみられる思潮でした。しかし、人間の存在をも含めて、現象世界のあらゆる事象はすべて普遍的な絶対者のあらわれであり、したがって万物は根源的には一体不二であるという考えが、古くからインド思想の底流となっています。つまり、自己と他人とは究極の根底においては一体であるという観念が、インドの倫理および宗教のもといとなっているのです。

こうした考えに立てば、自己の保全のために他を陥れ、他を害することは、とりもなおさず、根底において一体である自分自身を傷つけることになりましょう。自然とすら一体であるわけですから、人間中心に考えるエゴイズムによって破壊された自然は、逆にその人間を疎外し、その生命を滅ぼすことになるのも理の当然でありましょう。修道もまた例外ではありません。自他法界同利益こそ、修道の本意でなければなりません。「菩提心を因とし、大悲を根とし、方便を究竟とす」というのが、よくそのことを表わしています。それを弘法大師は、この『御遺誡』において「二利を円満し、四恩を抜済すべし」といっているのです。「仏果を期す」べき修道がそのまま生活そのものであり、自らの修道がそのまま他を利し、四恩を抜済する社会生活、社会事業でなければならないと大師はいっているのです。

四恩とは父母、衆生、国王、三宝の恩をいいます。この四種の恩は、いいかえれば、家庭、人類社会、社会の代表者、仏法僧の宗教的救済者の恵みを意味しています。つまり、ありとあらゆるもの、生きとし生けるものすべてが、四恩ということにもなりましょう。それらすべてを、われひとともに救済してやまぬ報謝の立場こそ、自他不二、三心平等の世界観に立脚するまことの福祉ということができます。宗教的な修道がそのままに社会生活であり、しかもその社会生活は四恩の抜済でなければならないのですから、ここには宗教生活と社会生活とが相即不二のものであるという論理が存在するのです。とすれば、社会福祉の原理は、実に、まさしくそこにこそ存在するといえましょう。大師の生涯にわたるさまざまな社会事業が、なによりもそのことをよく示しています。

単に社会事業のみならず、伽藍の建立もまた社会の福祉に通ずるものです。大師は「高野に壇場を建立して結界する啓白文」のなかで、伽藍建立の目的を「一心に仏法を住持して四恩を報じ奉り、有情を饒益《にょうやく》せん」がためと記し、また「勧進して仏塔を造り奉る知識の書」においても、仏塔の造立が「四恩を抜済し、二利を具足せん」がためとしています。大衆の尊い寄進、布施によって建立された伽藍は、その大衆からの布施を再び大衆へと還元するものでなければならないのです。いわば、それは直ちに大衆の福を増すものでなければなりません。福《さいわい》を求めることは「祈り」の原初形態です。しかし、人により、その福を求めることが世間的現実的利益を願うこともありましょうし、あるいは非功利的な懺悔とか報謝、帰依、信仰となる場合もありましょう。ただ肝要なことは、単に己れ一人のみの一時的な実利だけを考えず、「三有六途はみな悉く四恩なり」との立場から、すべての者の病が癒え、社会がこぞって幸福となる真の福祉を願うこと、それこそ、祈りの究極、まことの祈りということになりましょう。

しかし、こよなき福祉の肝腎は、恩愛の心を菩提の心へと変じ、生死の愛河を超えて涅槃の彼岸へと到らしめる正路を示すことにありましょう。大師は『理趣経開題』のなかでこの正路を示し、福智の因を積むこととしています。福の因とは福徳門です。具体的には「仏塔を建て、仏像を造るをもって要とす」と説き、また「檀等の諸行が、すなわちこれ福徳の因」ともいわれます。「檀」等とは、いうまでもなく、布施、持戒、忍辱、精進、禅定、智慧の六波羅蜜の菩薩行を指しています。われわれが伽藍の建立と整備につとめるのも、実に福徳のもといを築くためであります。そして、その福徳は完全なる慈善、徳行などの菩薩行を実践することによって、はじめて成就されるものであります。たとえば、布施とは、余裕のあるときに他に施し与えるということではなくて、ときには他のために自らの命すら投げ出して、なお悔いることのない完全な施し、いわば私心なき自己犠牲のこころを意味しています。

さらに、智の因とは定恵門とも呼ばれますが、要は妙経を書写し、その深秘な意義を体解することとされます。写経の功徳はすでにインドにおいて古くから、さまざまに説かれてきました。しかし、大切なことは、授戒の場合と同様に、経に説かれる奥義の体得の努力が忘れられてはなりません。こうした福と智との「二善を修し、四恩を抜済し、衆生を利益するとき、自利利他の功徳を具し、速やかに一切智智の大覚を証す。これを菩提といい、これを仏陀と称し、また真実報恩者と名づく」と大師が記していることは、すでにしばしば述べたとおりです。

出家修道の宗教生活はそのままに大衆の福祉につながるものでなければならず、父母等に対する恩、妻子らに対する愛の心を、一層高い聖愛へと押しひろげ、自他のかきねを払って、生きとし生けるものの抜済につながる生活をおくってこそ、まことの報恩の人ということができます。それこそがまた菩薩の行ともいえるのです。だから、弘法大師は『御遺誡』において、二利円満、四恩抜済の人を「いわゆる冒地《ぼうじ》薩埵《さった》（菩薩）、あに異人ならんや」といわれているのです。まことの菩薩行を行なう人、すなわち尊厳なるいのちを真に活かしうる人、それが実に真言行者なのであり、われわれの歩む唯一の道であることを、この『御遺誡』は示しているのであります。

Ⅳ　現代へのメッセージ

本源への回帰―二十一世紀への共存の指針―

帰朝後十年の韜黙

弘法大師空海は延暦二十三年（八〇四）に三十一歳で入唐、ときの都長安で勉学をして、ご存じのとおり、当初の二十年間の留学予定をまる二年できりあげて、帰朝しました。その理由はいくつか挙げることができましょうが、それはそれとして、帰国は大同元年（八〇六）の初冬でありました。

実は、この年の三月十七日には、伝教大師最澄に対して絶大なる信頼と期待をよせていた桓武天皇が崩御になります。直ちに皇太子の安殿《あで》親王が即位されたのですが、当時としてはきわめて異例であったけれども、先帝の崩御された年の五月に、年号を延暦から大同に改めてしまいます。この改元について『日本後紀』においてすら、「大同と改元すること非礼なり」といい、「孝子の心に違う」とまで述べています。通例は、即位をしても、年を踰《こ》えて改元するのが礼にかなっていると考えられていたのです。

即位された平城天皇は意欲的な行政改革に着手するのですが、この年の初冬に、弘法大師は唐国から帰国する。しかし新帝の平城は新来の仏教にはまったくと言ってよいほど関心を示されません。上京の勅許がおりないままに、大師はやむなく留学の成果報告を判官の高階真人遠成に託さざるをえなかったのです。一年前に帰国した伝教大師が直ちに入京して参内し、直接に桓武天皇に対して帰国の報告をしたのとは著しい違いであります。

それでも、師主恵果和尚の遺命をうけて、新来の真言の教えを国家に奉り、蒼生の福を増すべく意気込んで帰国した大師は、たとえ二十年の留学を二年で帰ってきたという違反を犯したことにはなっても、自ら大いに期するところがあってのことでありました。帰国報告ともいうべき『御請来目録』の上表文で、大師は「陛下新たに旋璣《せんき》を御するを以て、新訳の経遠くより新たに戻《いた》れり。陛下、海内を慈育するを以て、海会の像、海を過《よ》ぎりて来れり。恰も符契《ふけい》に似たり、聖にあらずんば誰か測らんや。空海、闕期《けつご》の罪は死して余りありといえども、窃《ひそ》かに喜ぶ、難得の法、生きて請来せることを。一懼《いっく》一喜の至りに任《た》えず」と書いています。

つまり、「平城天皇がご即位になって新しく統治をお始めになるのと、まさしく割り符がぴったり合うように、得がたき真言の法が新しくもたらされたのです」として、新帝の即位と真言の請来とが、人のはからいを超えた神秘的な出来事とまで言っているのです。多少穿《うが》った見方をすれば、さきに帰朝した伝教大師のもたらした天台の教えが先帝桓武の求めた新しい原理であったのに対して、新帝平城の治世に符契する新原理こそ、今まさに大師自身によって請来された真言密教なのだという思い入れがあってのことと考えられないこともありません。それにもかかわらず、大師は数年の滞留を筑紫の地に余儀なくされたことは、よく知られていることです。

大師が畿内に入ることを許され、提出していた請来の真言の経軌や曼荼羅が大師の手許に返却されたのは、風病のために平城帝が退位し、かわって弟君の神野親王すなわち嵯峨天皇が即位されてからのことでした。嵯峨天皇によって漸く公認された真言伝授も、当初は実恵《じちえ》、杲隣《ごうりん》、智泉といった二、三の弟子への教授に限られていたものと思われます。そしてこの真言密教を大々的に、しかも全国的な規模で公けに宣布することができたのは、驚くなかれ、大師帰朝後十年を経た弘仁六年（八一五）の晩春以降のことであったのです。すなわち大師にしてなおかつ帰朝後の十年というものは、まさしく韜黙《とうもく》の時代であったわけです。華々しく活動するためには、まずこうした隠忍の韜黙が必要であろうかと思われます。

真言密教の宣布

さて弘法大師が留学僧として入唐するとき、同じ留学僧として一緒であった人びとは幾人かいたのですが、その一人に、よく知られておりますとおり、伝教大師最澄がありました。伝教大師の入唐留学は、独学でおさめた天台の教学の当否をたしかめ、その典籍資料を一層多く将来することを目的としたものでした。その伝教大師に対しては、高雄山寺を創建し、その檀越でもあった和気氏一族、なかんずく和気清麻呂の長子である広世、三男の真綱などが外護者として援助を与え、その和気氏を介して、時の帝桓武天皇が大きな関心と期待を伝教大師に寄せていたのです。

請益僧として入唐した伝教大師はわずか一年足らずの滞在で大使一行とともに帰国するのですが、その翌年の延暦二十五年（八〇六）正月には従来の年分度の制を改めることを奏上し、南都の六宗に伍して、自らがもたらした天台法華宗の独立をも申請して勅許を得ます。しかもこの天台法華宗の年分度者には「止観業」という天台学専攻のコースのほかに、「遮那業」といって『大日経』を中心とする密教専攻のコースも設けられたのです。この密教コースの設置が、やがて伝教大師と弘法大師との深きかかわりをもたらすことになるのでありますが、それはまた時代の趨勢でもありました。ご存じのように、帰国前のわずかの時間を利用して、伝教大師は越州で順暁から密教を受法して帰ったのです。その密教は善無畏三蔵から義林、順暁へと伝わったという三部三昧耶の印信であって、仏頂如来系の尊勝破地獄儀軌にかかわるもので、弘法大師の受けた両部密教のそれとは大いに異なっており、いわば密教の一端にすぎないものであったといえましょう。しかし皮肉なことに、桓武帝をはじめ多くの人びとが関心を寄せたのは、伝教大師の留学の主目的であった天台の教学よりも、いわば附随的にもたらされた密教そのものに対してでありました。延暦二十四年九月に、高雄山寺におけるわが国最初の灌頂の栄誉を伝教大師がになうのは、実にそのためであり、また勅命によって宮中で毘盧遮那法を修せしめられたのも、そのあらわれであったのです。

かといって、国家は伝教大師の天台法華に関心を示さなかったわけではありません。高雄山寺での潅頂の費用はすべて国費でまかなわれたように、伝教大師がもち帰った主要な天台の法文を、同じく国費で七通書写せしめています。このために、当時は貴重品であった宮中の上質の紙を提供し、図書《ずしょ》寮という役所に命じて七通を写さしめ、それを南都七大寺に一部ずつ安置させたのです。いわば、わが国の仏教徒は勅命によって、なかば強制的に天台法華の法門を学習せしめられたわけで、その講師は当然ながら伝教大師が任命されたのです。野寺の天台院で、帰国後はじめて伝教大師を講師として行なわれた天台法文の講義には、南都七大寺から道証、修円、勤操《ごんそう》などの錚々たる学僧が参加しております。おそらくは桓武帝の命令をうけてのことで、辞退することもならなかったのであろうと思われます。伝教大師への外護がいかに大きなものであったかがわかります。伝教大師をめぐる人脈には、他にもなお藤原冬嗣とか良峰安世《よしみねやすよ》といった政権中枢の錚々たる高級官僚がいたのです。

他方、弘法大師の場合は、請来の真言密教の経論を自らの勧進活動によって書写せしめるのに、帰国後十年の年月を要したのです。伝教大師の場合と比較して、きわめて対蹠的ですが、その書写勧進の趣意書のなかで、大師は「貧道、帰朝して多年を歴というといえども、時機未だ感ぜず、広く流布すること能わず。水月別れ易く、幻電駐《とどま》りがたし。もとより弘伝を誓う、何ぞ敢えて韜黙《とうもく》せん」と書きとめています。時機いまだ熟せざるゆえの無為韜黙の十年間であったけれども、もはやこれ以上の猶予はならないという大師の気持が、実によくあらわれております。

さきに触れました桓武天皇の勅命による新写の天台法文が、とどこおりなく七通の書写を終え、その装潢が完成して七大寺に納められたのは、嵯峨天皇の弘仁六年（八一五）の春三月のことでした。中国での故事にならって嵯峨帝は自ら筆をとって金字の摩訶止観の題字をお書きになり、七大寺に安置させられたと伝えられています。

大変に興味深いことに、まさしく、それと時を同じくして弘法大師は密典書写の勧進に立ちあがるわけであります。よく知られているように、『性霊集』巻九にある「諸の有縁の衆を勧めて、秘密蔵の法を写し奉るべき文」がそのときの趣意書であり、これが書かれたのは弘仁六年の三月のことでした。おそらくこの勧縁疏による書写依頼は嵯峨天皇による何らかの宣旨あってのことでありましょうし、父帝桓武の遺志を果たすための嵯峨帝による天台法文の七大寺安置と無縁ではありますまい。大師はこの趣意書に私信を添えて、弟子の安行や康守を東国に遣わし、自ら中国より請来した主要な密教経論三十六巻を有縁の人びとに書写し流布するように依頼したのです。『性霊集』では三十五巻となっていますが、このとき大師の依頼で、上野国浄土院の教興が書写した『金剛頂大教王経』三巻が現に京都郊外の栂尾の高山寺に残っています。この『大教王経』の上巻の表紙見返には「秘密経三十六巻を弘仁六年五月に空海阿闍梨の勧進によって書写し進上した」という意味のことが書きしるされておりますから、三十六巻が正しいことになります。

あらゆる密教経典論書の類が大師によってはじめて日本にもたらされたというのではありません。すでに奈良朝の時代にいくつかの密教経典やダラニ類はわが国にもたらされていたのです。たとえば『大日経』とか『金剛頂経』といった両部の経典、あるいは『蘇悉地経』とか『蘇婆呼経』といった密教経典、『陀羅尼集経』とかの多くのダラニ類などは、すでに天平年間にはわが国で何度か書写されているのです。さらには一行禅師による大日経の注釈すらも奈良時代に日本に請来されています。これを請来した人もわかっており、興福寺の玄昉や西大寺の徳清（得清とも）がそうだといわれています。因みに、わが国にはじめて虚空蔵求聞持法をもたらしたのは、かれらより一世代以前の入唐留学僧、大安寺の道慈だといわれております。

このように密教そのものは早くからわが国に伝わっていたのですが、曼荼羅とか不空三蔵所訳の密教経軌は大師によってはじめて請来されたものですし、自ら主体的に学び受けとった両部の密教は、なんといっても弘法大師による請来なのであって、日本人がはじめて接しえたものであったのです。この真言密教を流布せしめるのに、大師は天下の三戒壇処を拠点としていたと思えます。三戒壇とは大和国平城京の東大寺戒壇院、東国は下野国の薬師寺、それに西国では筑紫の観世音寺をいいます。

日本の出家者は、すべてこの三戒壇のいずれかで具足戒を受けて官僧となりえたのです。こうした三戒壇を中心とした国々の司、あるいはそれぞれの国分寺に派遣されていた国師や講師、さらには有力者や知己に対して、密典の書写と、それにもとづく如法の密教学習と実修とをもとめたのです。このとき安行や康守にもたせて東国の有力な僧俗に宛てた大師の私信が幾通か残っています。宛名のわかるものだけでも、陸州徳一菩薩、下野広智禅師・万徳菩薩、甲州藤太守（藤原真川）、常州藤使君（藤原福当麻呂）などがあります。手紙は残っていませんが、このとき弘法大師の依頼によって上野国浄土院の教興が書写した『金剛頂大教王経』三巻が、現に高山寺に伝わって残っておりますことは、さきに触れたとおりです。

この年すなわち弘仁六年の秋には、大師は使者を西国にも遣わして、大宰府を中心とする旧知の人びとに同じような密教経論の書写、あるいはそのための紙筆等の援助の依頼を行なっています。「西府にひとたび別れて、今に七年」で始まる大師の手紙は、まさしくこのときの書写勧進にかかわりをもち、経疏書写のために紙筆をもとめたものであります。その他、大宰府の安少弐、鎮西府の某氏などに宛てた書状もすべて大唐より請来の密典書写依頼にかかわるもので、東国のみならず西国においても密典流布の活動が行なわれたことを窺うことができます。

当然のことながら、東大寺、大安寺をはじめとする南都においても、大師は真言宣布につとめたことが予想されます。たとえば『元亨釈書』では、前に述べた伝教大師の弟子光定が具足戒を受けたときの戒和尚である奉実について「年八十に及び、始めて密宗を学ぶ。耽味して寝食を忘れ、得ることの晩《おそ》きを恨む」と記しています。彼は弘仁十一年（八二〇）に八十四歳で死亡していますから、密教に出会ったのは弘仁の六・七年頃ということになります。

また勤操と兄弟弟子であったと思われる安澄は当代きっての論客であったのですが、その安澄は三論のほかに密教をも兼学したといわれています。ただ安澄は弘仁五年に逝去していますから、彼の学んだ密教が、大師からのものであったのか、あるいは、道慈、慶俊の系統を引いたものであったのかは定かでありません。

大師と会津の徳一

なんといっても、弘法大師に対してもっとも早く、もっとも熱心に真言の法をもとめたのは、ほかならぬ伝教大師最澄その人でありました。大師が都に入ることを許された大同四年（八〇九）の秋以来、伝教大師は弘法大師請来の密教経軌を借覧し、熱心にこれらを写し取るとともに、その受法を望みつづけてきました。両大師の親密な交わりがピークに達したのは、よくご存じの弘仁三年（八一二）暮の高雄山寺での二度にわたる灌頂であったのですが、それ以降は真言密教の受法に対する考え方の違いから、両者は次第に疎遠になっていきました。

前述のごとく弘法大師は弘仁六年の晩春から初夏にかけて、東国への密典流布を行なうのですが、弘仁七年から八年にかけて、伝教大師はあたかも東国での弘法大師による真言宣布の跡をかき消すかのように、自ら東国地方への天台法華宣布のための巡錫に出かけます。そこでは東国の化主と呼ばれた道忠の門下たちによって、天台の教団が形成されていたともいわれています。だから東国地方は伝教大師にとってはきわめて重要なところであったのです。

しかし、たとえそうではあっても、東国の仏教者がすべて伝教大師のよき理解者であったわけではありません。教理教学のうえから、まったく反対の立場にあった法相宗の徳一は会津を中心に活躍し、人びとから菩薩と呼ばれるほどの有徳な仏者でありました。さきに言及したごとく、弘法大師はこの徳一に対しても密典の書写を依頼したのですが、このとき持参されてきた主要な密教経論三十六巻を通読した徳一は、大師に対して密教への疑義をいくつか提起して、その解答をもとめます。かの有名な徳一の『真言宗未決文』一巻がそれです。この疑義は徳一自身も述べているように、密教を信奉するためのものであって、決して論争をいどむためのものではなかったのです。大師がこの徳一の質疑に対して直接に答えたという形跡はありませんが、しかし、この一々の疑義について、現在の真言教徒は真剣に再考してみなければなりません。

ところで、その徳一は東国巡錫の伝教大師に対しては真向から論戦をいどみ、数年間にわたって熾烈な論争がつづきます。論点は法相と天台との思想的な対立で、仏性の問題、あるいは三一権実の確執でありました。現存する伝教大師の主要な著作のほとんどは、この論争のプロセスでの所産です。この論争によって、われわれは妥協することをしらぬ伝教大師の実に厳しい性格の一端をかいまみる思いがいたします。

ご存じのように、伝教大師は弘法大師に対してはきわめて鄭重に自ら弟子としての態度をとっています。実は延暦二十三年（八〇四）の入唐当時における両大師の社会的地位は雲泥の差があったものと思われます。このとき弘法大師より七歳年長の伝教大師はすでに内供奉であり、天皇の信任厚き護持僧であったのです。他方、弘法大師は当時、まさに得度と受戒をおえたばかりの一介の無名の青年僧にすぎませんでした。留学から帰国した後も、なお暫くはこの関係には大きな変動はなかったはずです。天台法華宗の独立を認められた伝教大師は、その一コースたる密教研究の責任者でもあり、第一人者として公認されていたのです。

だから、帰国当時の弘法大師が活動しうる領域は、伝教大師が主宰する天台法華の「遮那業」のコースにおいて、なにがしかの役割を果たすことであったかもしれません。しかしそれにもかかわらず、伝教大師は弘法大師に対して、あえて弟子としての礼をとったのです。たとえば伝教大師から大師に宛てた手紙には「伏して惟《おもん》みれば遍照阿闍梨道体安和なりや。即日、下資最澄、恩を蒙り」とか「帚を把るの礼なお欠けり」とか、「求法弟子最澄状上」といった書きかたで、自らを「下弟子」と卑称しています。

ところが他方、その同じ伝教大師は徳一に対しては「麁食者《そじき》」とか「短翮者《たんかく》」、あるいは「北轅者」などと言いたい放題の蔑称で呼んでいるのです。ある評論家は伝教大師の人柄を評して、その名が示すごとき最も澄める純粋なる求道者だという。「最も澄める」という評価の当否はともかくとしても、「純粋なる求道者」というのは誤りではありますまい。しかし、それがもしも妥協ということを知らない自己中心の合理的最短コースを歩むものという意味だとすれば、瀬戸内寂聴さんがいみじくも言われたように、それは、あえて「愚直」と言わざるをえないことになるかもしれません。

弘法大師に対して密典書写を請い、その受法を願うやりかたにも、また弘仁九年（八一八）以降の叡山における大乗戒壇独立の手続きなどにも、まことに不遜な言いかたではありますが、たしかに愚直とも思われるような、自己中心的といって悪ければ、求心的な短絡さがしばしば見受けられます。しかし、世間の大方の評価はむしろ逆であって、伝教大師を純粋無垢の人とみるのです。

天台宗の僧籍をもつ瀬戸内さんが最澄贔屓の空海嫌いであるのはやむを得ないとしても、一般に女流作家にはこのような傾向が多分に感じられます。永井路子さんもそうですし、三枝和子さんは真言宗の寺院の奥さんでもあるそうですが、「私どもの宗祖に対して申しわけないが、私は空海が嫌いである」と明言なさっています。好きとか嫌いとかいうことになれば、論理を超えた次元ですから、なんともいたしかたありませんし、反論のしようもありません。ただすべてのことを完全になし遂げて円満に入定した弘法大師に対してよりも、大乗戒壇独立のために、その晩年を孤独ともいうべき血みどろの努力を重ねながら、遂に志をとげることなく未完のままに世を去った伝教大師に対して、人びとはこよなき同情と称賛のおもいを口にしたくなるらしいのです。しかし、そうした感情的なことはともかくとして、両大師の性格とその思想はきわめて対照的であり、むしろ対蹠的ですらあると言ったほうが一層適切かもしれません。

弘法大師の戒律観

弘仁七年（八一六）以降、完全に袂を分かった両大師はそれぞれ独自の道を歩みます。弘仁六年には先帝桓武の勅命によって書写された天台法文が装潢をおえて南都の七大寺に納められたことについては、さきほど申しました。おそらくそのことと関係があってのことか、伝教大師最澄は和気氏の招請をうけて大安寺で天台の法門を講じ、対論も行なっています。これ以来、伝教大師は南都の仏教、特に法相宗との間で論争をくりかえしています。弘仁八年の東国巡錫を契機として開始された徳一との論争はもっとも長く、かつ熾烈なものであったことについても、さきに簡単に触れたとおりです。

この東国巡行には、弘仁三年の暮の灌頂入壇以来、高雄山寺の弘法大師空海のもとに留まり、真言の法を学んでいた泰範を伴うべく、比叡への帰山をうながす手紙を出しています。この手紙のなかで、伝教大師は「劣を捨て勝を取るのは世間の常識ではあるが、しかし法華一乗と真言一乗との間には決して優劣はないのだ」と記しています。このことは伝教大師にあっては生涯変わることなき一大確信でありました。弘仁三年八月に弘法大師に宛てて伝法の許しを得たことへの礼状のなかでも、伝教大師は「遮那の宗は天台と融通し、疏宗もまた同じ」と書き、「(法華)一乗の旨は真言と異なることなし」とも記しています。このことは『法華経』自体が統括的性格を有していることにもよるのでしょうが、天台法華宗のなかに天台専攻のコースとともに『大日経』の専攻コースを設けた伝教大師にとっては、しごく当り前の考えでありました。なぜなら、この法華一乗と真言一乗とがまったく相互に矛盾対立するものであるとしたら、伝教大師のよりどころである天台法華宗は存在しえなくなるからでもあります。

しかるに、この泰範にあてた伝教大師の書状に対して、弘法大師は泰範に代って返事をしたためたのですが、それが『性霊集』巻十に収録されている「泰範のために叡山の澄和尚に答える啓書」です。そこでは顕教と密教とは明白に浅深の差があり、権実の隔てのあることを述べて、伝教大師とは見解を異にすることを鮮明にうちだしているのです。弘法大師にしてみれば、応化仏が顕略に開説した顕教と、法身仏の談話たる秘奥の実説とでは、おのずからその受法のありかたに違いがあることになるのです。曼荼の深法、諸仏の秘印を伝授する法は、まさしく「手を握って契約し、口に伝えて心に授ける」という仕方でなければならないのであって、それはただ単に経典論疏を書写し読解して事足りるというものではないというのです。

かつて弘仁三年の八月には真言伝授の約束がかわされ、十一月には、大師自ら「所持の真言の法」をすべて「最澄闍梨に付嘱すべし」といい、しかも「早速に今年の内に付法を受取せよ」との口約をかわしながら、遂にそれが不履行に終ったのも、両大師の密教観、修道観の違いに起因するものと思われます。かの有名な理趣釈経の借覧拒絶にしても、それが伝教大師最澄に対してのことであったのか、あるいはその上足の円澄に向かっての教誡であったのかは別としても、おそらく時期的にはこの頃、すなわち弘仁七年頃のことであったとみる方が自然であるように思われます。

この頃、伝教大師は弘仁四年に著わした『依憑天台集』に新たに序文を書き加えて、「新来の真言家は則ち筆授の相承を泯《みん》ず」として、暗に弘法大師による密典書写の拒絶を非難しています。そして弘仁六年晩春からの弘法大師による東国への密教宣布の足跡をうち消すかのように、自ら数名の弟子とともに東国巡錫の旅に出かけるのです。そのためには弘法大師のもとに長らく滞在した泰範を伴うことがもっとも効果的であったはずですが、泰範は遂に伝教大師のその誘いには応じませんでした。

数年に及ぶ徳一との論争に対して、はたしてそのいずれに、時の人びとが軍配をあげたのかはわかりません。論争の主題は、法相宗が五性各別すなわち衆生が先天的にそなえている性質に五種があって、そのなかには遂に成仏不能なものもあるとするに対して、伝教大師は法華経の所説によって、すべてのものが悉く成仏できるとする仏性の問題、さらにはその法華一乗の教えこそ実説であるのに対して、法相宗の主張する三乗の説は仮の方便の教えにすぎないという三一権実の問題でした。

この三乗すなわち声聞、縁覚、菩薩の教えも、釈尊在世の時代には立派に通用する価値があったと伝教大師はいいます。当時の人びとの多くは、『周書異記』による仏教史観を信じていました。伝教大師も例外ではありません。つまり、伝教大師は、末法がはなはだ近いということ、そのために、今こそ法華一乗の教えが人びとの間で信奉されるべきとの時機観をいだいていたのです。伝教大師によれば、末法の近い今の世の中は大乗仏教によってのみはじめて安泰となるのだ、そのために日本の仏教者はすべて大乗の菩薩でなければならないというにありました。ここで、伝教大師は大きな障壁に直面することになります。

鑑真の来朝（七五四）以来、わが国では東大寺戒壇院での受戒には四分律にもとづく二百五十の具足戒が授けられてきたのです。四分律はインドの法蔵部で伝承されてきたものですから、いわば小乗仏教の戒律ということになります。末法の世が近い今の時代には、大乗の菩薩となることで日本は安穏になるのだというのが、伝教大師の考えであったのです。

そこで伝教大師は弘仁九年（八一八）五月以降、比叡山寺を一向大乗の寺として独自のカリキュラムにもとづく叡山特有の得度と受戒を行なうことの許可をうる運動を開始します。その申請は前後三回にわたって矢継ぎ早やに行なわれましたが、この伝教大師の主張は仏法にも反するし、当時の律令そのものにも違反するとして、南都の僧綱をはじめ、七大寺の人びとはこぞって厳しく反対し、伝教大師の生前には遂に許可されることがありませんでした。しかし伝教大師にしてみれば、自らの主張にこそ仏法の真意があるとの確信から、自ら誓願して小乗の威儀をしりぞけ、二百五十戒を棄捨したとも伝えられています。

よく言われるように、このような妥協を許さない厳しい態度に伝教大師の純粋さを認めるむきもあるようですが、その立場は新しいものを創造するためには古いものはすっかり破壊し、取り去ってしまうということになりましょう。そうした考えにも確かに一理ありましょうが、しかしそれは時として、抜き差しならぬ対立拮抗へと向かわしめることにもなるのです。

このような伝教大師の考えときわめて対照的なのが、弘法大師です。たとえば、今の戒についていえば、弘法大師にあってはすでに弘仁四年には解決ずみで、伝教大師に対しても顕密二戒は堅くこれを順守すべきという自らの見解を明示しているのです。それは弘仁四年五月の晦日に著わされた「教誡」においてでありますが、一般にこれは「弘仁の遺誡」と呼ばれています。

よく知られているように、弘仁三年の十一月と十二月とに、伝教大師とその同法や弟子たちは高雄山で弘法大師を阿闍梨として両部の灌頂を受けます。翌四年の三月には、あまりにも唐突に行なわれたために、さきの十一月の金剛界灌頂に入壇しえなかった叡山の人びとのために、再び金剛界の灌頂が行なわれました。この前後三回にわたる入壇受法者の名前と得仏の尊名を大師は自ら筆をとって記録しています。それがあの有名な「高雄灌頂暦名」です。なかでも十二月の大悲胎蔵の灌頂には叡山の伝教大師とその弟子たち総計一九〇名もが入壇したために、その暦名も「大僧」「沙弥」「近士」「童子」の四衆に分類して列記されています。大僧とは受戒をおえた官僧をいい、沙弥は得度をおえてなお具足戒を受けていないもの、近士は優婆塞の意訳で未得度のもの、その中でも、十六歳未満のものを童子といったのです。

これらの四衆を対告衆として、大師が真言密教の要諦を明らかにしたのが、いわゆる「弘仁の遺誡」です。そのことは、この遺誡の日付が「弘仁四年仲夏晦日」となっていることもさることながら、末尾に近い個所で、「この教誡に随うことは三世の諸仏の戒に随順することであり、ここに提撕されていることは仏説であって、私自身が勝手に主張することではない」とした後で、「諸々の近円、求寂、近事（近士）、童子等、これらの戒を奉行して」云々と述べて、さきの灌頂暦名と対応していることが明らかだからです。この近円とは具足戒を受けおわった大僧を意味する「ウパサンパンナ」の意訳であり、求寂は沙弥の意訳です。

この「弘仁の遺誡」のなかで、大師は「仏道に趣向するためには戒によらなければならぬ」と説き、その戒について「必ず須らく顕密の二戒堅固に受持」すべきことを強調しています。釈尊の原始教団以来、さまざまに展開を遂げてきた仏教は、戒律の面でも声聞の戒、菩薩の戒といろいろに異なり、密教にはまた密教独自の戒があるのです。しかし、大師はこれら釈尊以来のさまざまな戒は、すべて堅く遵守すべきであるとされるのです。弘法大師にとって、戒の問題はすでにこのとき解決ずみであったことになります。

それは、釈尊以来のあらゆる戒も煎じ詰めれば十善を本とし、その十善の戒も、結局は一心に帰してしまうからなのです。一心とは仏心であり、さとりの心でありますから、持戒の究極は仏の心、さとりの心を発《おこ》すことにほかなりません。いわゆる発菩提心戒がそれです。すなわち、大師にあっては、戒は単に倫理道徳の領域の問題にとどまることなく、宗教の深い世界へと昇華高揚されていることがわかります。前にも述べたように、それは宗教の源泉としての道徳といいうるものです。さらに言えば、それは我心と衆生心と仏心との三は本源的に差別なしとの自覚にいたることを意味します。だから密教の戒はまた三昧耶戒とも呼ばれます。三昧耶とは平等を意味し、三心平等の自覚への誓いです。このような立場からすれば、弘法大師にとって捨てるべき戒は一つもありません。

しかしながら、このような考え方は伝教大師には受け入れがたいものであったようであります。古い伝記を見ますと、伝教大師は、弘仁九年（八一八）には朝廷に対して、比叡山独自の授戒を申請し、一向大乗を目指して小乗を切り離す意向を明らかにいたします。そして伝教大師自身、かつて東大寺戒壇院で受けた二百五十の小乗戒を棄捨することを宣言したと伝えられています。新しく一向大乗の菩薩となるためには、小乗の戒や教えをすべて捨て去ってしまわなければならないということで、この点で両大師の考えは決定的に異なりをみせています。両大師が後に袂を別たざるをえなかった理由の一つが、ここにあったといえましょう。

対立競争から対話協調へ

ただに戒に関してのみならず、どのような思想も宗教も、いかなるイデオロギーも、すべて存在の必然性をもち、したがってまた、たとえ時代性、地域性の限定がなされ、あるいは浅深の別異性が指摘されるとしても、いずれもが存在の意義と価値をもつとみるのが、『三教指帰』以来『秘蔵宝鑰』にいたるまで、一貫して変ることのない弘法大師の根本的な立場であったのです。だから、弘法大師の教学的立場からすれば、たとえどのような宗教も、これを捨てこれを取るということは、まったくありえないことになります。そこにこそ、異なった文化、異なった宗教間の対話を可能にしうる余地があろうかと思います。

自己の信念を堅く守り、自らの主張とか立場に対して決して妥協を許さないことは、いかにも純粋無垢にみえるかもしれません。しかしわれわれにとって難かしいのは、護法と法執との違いの認識だろうと思います。ただ伝教大師が南都の仏教に対して自らの立場を明かすために血みどろの論争を行ない、遂に安易な妥協的態度をとらなかった点で、伝教大師こそ、その名のとおり最も澄める純粋の人とみる見方がはたして正鵠を射たものといえるかどうか。特にそうした評価が、弘法大師の対話強調の態度を単なる政略的妥協とみることへの対照とする意図が働いている限り、決して正しい見方とは言えないでありましょう。

ところで、その南都の仏教は七大寺を中心として隆盛をきわめたわけですが、教育ないしは学習の一般的特徴としては兼学であったのです。たとえば大師と関係の深い大安寺には道慈以来、三論を本宗とする伝統がありましたが、道慈の弟子慶俊はむしろ華厳を専ら学んでおり、真言を本宗とするともいわれていました。もとより道慈の弟子善議、その弟子の安澄、勤操などはいずれも三論を専門とする学僧でした。大安寺においても華厳を学ぶものがいたのは、新羅からの渡来僧で、入唐して華厳の教学を法蔵から直接に学んだ審祥がかつて大安寺に滞留していたことと関係があるかもしれません。このように、奈良の寺々には、六宗の学習が寺によって固定的でなく兼学されていて、あたかも総合大学のようであったのです。だから、大安寺で法相や華厳を学ぶものも、当然いたのです。特に延暦二十五年（八〇六）正月に諸宗の年分度者十二人の制が定められますと、三論のコースには成実論を専門とするものも含まれますし、法相のコースにも倶舎論を学ぶ学生もいたわけで、小乗の教学を学ぶものも当然いたことになります。

しかるに、伝教大師は弘仁九年以降、比叡山を大乗の菩薩を養成する寺とし、大乗を学ぶものものみを居住せしめる寺にするための運動を開始します。伝教大師には、平安初期の今は像法も終りに近く、末法の時代がはなはだ近いという危機意識が強く、このような時代には法華一乗の教えこそが社会を安泰ならしめるという考えがあったのです。だからわが国の仏教も、出家者すべてが大乗の菩薩になることで日本国の安寧がはかれると考え、律令制のもとでの大変革が無理とすれば、せめて比叡山寺だけでも一向大乗の寺にしたいとの考えを公けにしたのです。いわゆる「山家学生式」での主張がそれです。これによりますと、比叡山寺を南都の僧綱の統制外におき、叡山独自のカリキュラムにもとづく得度、授戒と修学の制度を設け、その修了者を国家は官僧として公認するのみならず、成績によって大法師位、法師位を下賜し、諸国の講師としても任命することを要求するのです。十二年の籠山もこのとき制定されるのですが、しかし伝教大師の主張の宗教的妥当性はともかくとして、それが当時の律令制に反する側面をもつことは明らかで、僧綱や七大寺の猛烈な反対も一概に難ずべきものではありません。

最晩年の桓武天皇によって勅許された天台法華宗の年分得度者が、当初は多く叡山を下って南都の法相宗に身を寄せたことも、伝教大師をして叡山独自の大乗の菩薩教育を考えるにいたらしめたとも言われていますが、比叡山での修学をおえた学生の身の振りかたにまで配慮を及ぼしている点は伝教大師の特色ともいえましょう。しかし残念ながら、この伝教大師の願いは遂にその生存中に実現をみることはありませんでした。ご存じのように、伝教大師のこの願いが聞き届けられたのは、その入滅後七日目の弘仁十三年（八二二）六月十一日のことで、嵯峨天皇の専断によるものと思われます。

その嵯峨天皇によって、弘仁十四年正月に東寺が弘法大師に永く給預されるのですが、この年の十月に出された太政官符では、真言宗僧五十人を東寺に居住せしめ、「他宗の僧を雑住せしめざれ」とあります。このことは、さきにみた比叡山寺を伝教大師が一向大乗の寺として、法華一乗の止観業と遮那業の学生のみの専修道場としたことと軌を一にするものであり、そのカリキュラムの梗概が『三学録』なのです。私にとって長らく不審であった点は、この「他宗の僧を雑住せしめず」ということが、はたして大師自身の主張にもとづくものであるか否かということです。いわゆる「二十五箇條御遺告」では、東寺の給預について「他人をして雑住せしめることなかれ。これ狭き心にあらず、真を護る謀りなり」とあり、またこの東寺を「師資相伝して道場となすべきなり。豈《あに》、非門徒の者をして猥雑せしむべけんや」とも言われているのですが、秘密曼荼羅十住心の立場からすれば、このような「非門徒の猥雑」を禁ずることは、まったくあり得ないことのように私には思えるのです。この御遺告の内容はいかにも比叡山の台密を意識しての後世の東密の徒による主張のようにも思われます。「三世の如来は兼学して大覚を成じ、十方の賢聖は総通して遍知を証す」と言ったのは、ほかならぬ弘法大師自身であったからです。

開学以来、時の為政者の意志にのみそった儒教一辺倒の大学における教育に疑問をいだき、自らの確固たる世界観、人間観にもとづいて、理想的な教育のありようを論じ、自ら創設し運営した教育機関の綱領たらしめたのが、あの「綜藝種智院の式ならびに序」です。この教育機関はけっして真言の徒弟のみの教育を目的としたものではなく、身分によって入学の制限をしていた大学に入れない人びとにも広く門戸が開放されたのです。だから、この綜藝種智院での教育理念、あるいはカリキュラムを、さきの伝教大師の「山家学生式」のそれと直接比較して、両大師の教育理念の違いを云々することは必ずしも当を得ていないことかもしれません。しかし、この綜藝種智院の式をみますと、そこでの教師に道と俗との二種があり、それぞれ仏経と外書を講ずることを任務としています。しかも「道人伝受のこと」として、顕教と密教のうち、いずれを学習するかは僧分の学生の意次第であるとし、僧分でなお外書をも学ぼうと思うものは在俗の専門の教師について習うべきであるとしております。つまり、この綜藝種智院では一般の子弟とともに僧分の学生も在学し、しかもその僧分の学生には真言密教のみならず、顕教をも自由に選択学習せしめたのであります。それのみか広く外典一般の学習をも認める総合教育を目指した大師が、なぜ東寺に他宗の僧の雑住を禁じたのか理解に苦しむところで、そのことは大師自身の意志とかかわりのなかったことのように私には思われるのです。

ところで、当時の大学はすでに官吏養成の機関になっていて、大学での課程をおえて貢挙《くこ》すなわち官吏登庸試験にパスしますと、その成績に応じて任官する仕組みになっていました。だから大学での教育は官僚になるためのものであってみれば、まことの道を求めようとする真摯な青年にとっては「古人の糟粕」と映ったとしても当然のことであったかもしれません。事実、そのために大学を去って仏道に入った人に、奈良朝末の道融（波多氏）がおり、大師もまたその一人であったのです。

少なくとも教育の目的は、万人が共通に有する尊厳なる「いのち」に目覚めさせ、それを啓発し引き出すことにあるはずです。だから、「世間にあって身を立てる根本も、国を治める道も、さらには出世間にあって生死輪廻の苦しみをこの世界で断じ、絶対の安らぎたる涅槃の楽しみに到りつくのも、すべて兼学総通の総合的学習なくしては得られない」と大師は説くのです。

大師が当時の学習の風潮として好ましからざることとされたのは、「寺々で学ぶ僧分の者はただ一途に仏教経論のみを対象とし、大学などで学ぶ人びとは専ら外典のみを空しく読み耽る」といった狭い偏向教育であったのです。綜藝種智院はわが国における実質的には最初の私立総合大学であったということになりましょう。しかも、ここでは身分による入学制限が完全に撤廃され、教育の機会均等ということが弘法大師によってはじめて唱えられ、実行に移されたのです。このことは世界の教育の歴史のうえで実に画期的なことといわねばなりません。支配者の意志に従う特定のイデオロギーではなくて、あらゆる思想、宗教を自らの意志によって自由に選択して広く学習せしめるという教育の中立性もまた、大師によってはじめて確立されたといえましょう。さらに注目すべきことは、この学園で学ぶ学生には衣食を支給する完全給付制がとられている点です。このような理想的教育機関は今日でもなお他に類例をみないもので、その経営は大師ならではのことであったと思われます。

さきに触れましたように、伝教大師は後継者養成の教育綱領のなかで、修了者のうち能行能言の優秀なものは一衆の首領となすべく国宝として叡山にとどめ、能言不能行の者は国師とし、能行不能言は国用として、それぞれの専攻により官符の趣旨によって、国家公認の伝法および国々の講師として任用し、諸国に派遣することを求めています。しかも山家の学生式にのっとって修学した者には、官僚の位階に準ずる「大法師位」「法師位」を成績に応じて慰賜するようにも配慮を払っています。

しかるに、このようなたぐいのことは「綜藝種智院式」のなかにはまったく見当りません。つまり綜藝種智を目指すこの三教院で学んだものに得られる一般的なメリットは何一つとして記されてはいないのです。このあまりにも理想的な、あまりにも純粋な学園に、はたしてどのような子弟が、いかばかり在籍して学んだのでしょうか。それを知りうる資料は何一つ残されておりません。しかしそうはいっても、価値の多様性を認め、対立から対話へ、競争から協調への道を教えたこと自体は、きわめて高く尊い教育の理念であったと言わねばなりますまい。

弘法大師の宗教観

さて、大師の教学のなかで注目したいものに、大師の自然観あるいは大師の宗教観があります。まず、その宗教観からみていきたいと思います。

最近よく耳にすることですが、特に浄土系の仏教者あるいは宗教評論家たちが申しますには、現世利益を祈る宗教は次元が低く、過去の未開社会の遺物を引きずっているものだというのであります。勿論、仏教の本来目指すところは生死輪廻からの解脱であり、涅槃寂静の境地にいたることとすることに異論はありません。しかしながら仏教の伝播史のなかで、インドの釈尊当時の仏教がかなり変容ないしは展開を遂げてきたことも事実です。たとえば仏教における護国思想などは、仏教が中国に移入されてからのことであって、インドの仏教には見られないことであります。中国の伝統的文化のなかで受容され展開してきた仏教が、朝鮮半島を経て日本に入ってきたとき、日本人はその仏教をどのようなものとして自らに受けいれたのでしょうか。『日本書紀』の欽明天皇十三年（五五二）十月の仏教公伝の記事にみえている百済の聖明王の上表文は、聖明王自身のものではなくて、『書紀』の編纂に関与したものの偽作といわれますが、それゆえにこそ、この文章は当時の日本人が仏教をいかなるものとみていたかを知るのに恰好の資料といえましょう。そこでは、もっとも殊勝な仏教の「是の法は能く無量無辺の福徳果報を生じ、乃至、無上の菩提を成弁す」云々とあって、なによりも西蕃の神たる仏の教えは無量無辺の福徳をもたらすものとして尊崇されたことがわかります。勿論、「無上の菩提を成弁す」るという仏教本来の目的も忘れられてはいないけれども、むしろこの本質が附随的なものとして記されているのも、日本人にとって菩提なるものがまったく未知の精神領域に属することであってみれば、やむを得ないことではありましょう。大師もまた「近くは四海を安んじ、遠くは菩提を求む」とされていて、日本仏教の特質が継承されていることで軌を一にしているといえましょう。

いま一つの例をあげてみますと、法隆寺金堂の釈迦三尊光背銘にも「此の願力を蒙り、病を転じて寿を延べ、世間に安住せん。もし是れ定業にして、以て世に背くものならば、往きて浄土に登り、早く妙果に昇らん」とあります。これなどは仏教を現世の利益と死後の冥福を保証してくれるものとして、人びとが受けいれたことを、もっとも端的にあらわしているといえます。こうした仏教観は奈良、平安を経て、根強く現在にまで人びとの意識のなかに伝承されているのです。このような傾向を、一部の宗教学者は低次元のものと見做し、未開社会の名残りと言うわけです。

弘法大師は当初の二十年間予定の留学を、師主恵果の入滅、その夢告などのことがあって、まる二年の滞在で帰国を決意します。そのとき帰朝の許可を乞う申請をしたのですが、その申請書のなかに恵果和尚から余すところなく伝授された真言密教のすぐれた特質について、きわめて簡潔に述べています。すなわち、

「此の法は則ち仏の心、国の鎮なり。氛《わざわい》を攘《はら》い祉《さいわい》を招くの摩尼《まに》、凡を脱《まぬが》れ聖に入るの嘘径《きょけい》なり。」

これによれば、真言密教は仏陀の教説の真髄であるとともに、その教法によって国家が鎮護され安泰となるということになります。いわば真言の教法は成仏のための教えの真髄である面と、その教法によって国家社会の安寧がもたらされる面との両面をもっていることになります。その二面性をさらに敷衍して、大師は対句によって「氛を攘い」云々といいます。すなわち、人的ないしは天的なあらゆる災害を除去し、そこに住するすべての人びとの福祉を意のままにもたらし増進することができるというもう一つの側面を真言の法はもっているというのです。

この側面は「国の鎮」ということで、いわば世間の成就法であり、現世利益といってもよいでしょう。真言の教えがこの一面のみを有するものとすれば、それは古代インドのバラモンの宗教が目指すところとそれほど異なったものではないということになりましょう。

在家の人びとにとっては現世利益ということ自体、けっして蔑視せらるべきものではありませんが、この面のみということになれば、それは政治、経済等の社会科学や医学、薬学等の自然科学となんら異ならないものとなりましょう。しかし、真言密教には今一つの側面、すなわち「凡を脱れ聖に入る」べき嶮径としての特質がそなわっているのです。迷いの世界から聖なる仏の真実の世界へと入ることのできる近道が、真言の教えの中核をなすものというわけです。いわゆる解脱であり、成仏の道であります。

釈尊が機根に応じてさまざまに説かれた教えは八万四千の法門といわれるほど多岐多様であり、声聞、縁覚、菩薩の教えから、仏一乗の教えまで、実に広範にわたっております。しかし、たとえどのような法門であれ、究極の目標は成仏にあります。ところが、一般に大乗仏教では、菩薩が成仏するのに三大劫の修行を要するとしていたのです。三大劫というのは詳しくは三大阿《あ》僧《そう》祇《ぎ》劫《こう》といって、一劫（カルパ）に十の六十乗の三倍をかけた数をいいます。『大毘婆沙論』などによると、四十里四方の岩山を百年に一度ずつ細軟な衣で払拭して、この岩山が磨滅し尽くしても、なお一劫はつきないというから、三大劫といえば、ほとんど無限に近いとてつもなく長い時間ということになります。

しかし真言密教に身をおけば、十六大生ないしは現生に如来の大覚位を証しうるというのです。十六生というのは十六大菩薩生をさし、悟りへの十六過程を象徴しているのですが、これぞまさしく成仏の嘘径、すなわち即身成仏ということなのです。これこそ「仏の心」であり、出世間の成仏法です。弘法大師は自らが今まさに師主恵果和尚から余すところなく受法しおわった真言の特質を、この二面性を有することとしているのです。

同じことは、『御請来目録』、すなわち帰国後、朝廷に提出された留学の成果報告書の上表文のなかでも述べています。「この法は則ち諸仏の肝心、成仏の径路なり。国においては城塀たり、人においては膏腴《こうゆ》たり」というのがそれです。また密教の特質について、さらに「それ顕教は則ち三大の遠劫《おんごう》を談じ、密蔵は則ち十六の大生《たいしょう》を期す」とも言っています。

大師によれば、真言の教えはさきにあげた二面性を有することで特異なのですが、ここで注意しなければならないことは、この二面はけっして次元を異にするものでなく、二而不二の関係にあるということです。つまり、世間とは社会とのかかわりを意味し、したがって世間の成就法というのは、言葉をかえて言えば社会活動であり、社会事業なのです。しかもこの社会活動は、わざわいを除き、さいわいを招くこと、つまり人びとの病い、貧困、いわれなき差別などの、さまざまな災いを取り払い、人びとにまことの福祉をもたらす活動でなければなりません。それを現世利益というのです。

しかも、この社会活動は、実はそのまま「凡を脱れ聖に入る」出世間の成仏法につながっているのです。真言密教にあっては、社会活動と宗教生活とは決して別異のことではなく、即一の関係にあるのです。そこにこそ、まことの社会福祉の原理があるといわなければなりません。

同じ趣旨のことは、弘仁四年五月晦日に書かれた教誡のなかにも説かれています。本尊の三摩地による「三心平等」の自覚は、われわれの宗教生活をそのまま「二利円満」「四恩抜済」の社会生活へと直結せしめるのであります。

社会にはたす宗教の役割

大師は承和元年（八三四）十二月に宮中真言院の正月の御修法の奏状を出しています。これは従来、重要な国家行事として宮中で行なわれてきた祈年祭としての御斎会についての意見を具申したものですが、前にも触れましたように、わが国における仏教は、その伝来以来、個人の魂の救いにかかわるものとしてよりも、むしろ国家を安泰ならしめる対策をよくなしうるものとして、社会とのかかわりのなかで容認されてきた歴史を有しております。正月八日から七日間、宮中に高僧学僧を請じて行なわれる『金光明最勝王経』の講説は、それ自体、国家の安寧と五穀の豊熟に効果あるものとされる祈年祭的な行事でした。

余談にわたりますが、この祈年の「年」とは「稔」と同義で、日本では収穫期から次の収穫期の間を「一年」としたのです。インドでは「年」を意味する言葉は「ヴァルシャ」という語ですが、もともとヴァルシャとは「雨」を意味します。つまりインドでは一年をかぞえるのに、雨期を基準としていることがわかります。

この宮中における正月の御斎会の最終日に、かつて弘法大師も招請せられて論議を行なわれたことがありました。天長九年（八三二）正月十四日のことで、このときは僧正の護命、少僧都修円・豊安、律師明福なども一緒でした。この二年後、大師は御斎会のありかたについて意見を具申したのです。それによれば、これまで御斎会で行なわれてきた『金光明最勝王経』の講説は、たとえて言えば『大素』とか『本草経』を読んで病源を論じたり、適当な薬性を指摘しているようなものだというのです。病人にむかって、いくら医学書を読んで聞かせても、また薬学の理論をいかにこねてみたところで、その病気はよくなりません。病人を治癒するためには、必ずそれぞれの病に相応した薬を処方し、方によってその薬を実際に服食せしめることが必要です。それによって、はじめて病患を消除し、生命を保たしめることができるのだ、と大師はいうのです。

この「方に依って薬を合わせ、服食して病を除く」のが陀羅尼の秘法であり、真言密教の修法です。だから、「今より以後は、もっぱら経法によって経を講じ、七日の間、まさに解法の僧二《に》七《しち》人、沙弥二七人を択《えら》んで、ことに一室を荘厳し、諸尊の像を陳列し、供具を奠《てん》布《ぷ》して真言を持誦せん」といっています。「もしもこのことが実現すれば、顕教と密教との二つの教えは、ともに如来の本意にかない、現当の福聚、諸尊の悲願を得ることができよう」ともいって、ここにもまさしく真言の教法のもつ二面性が指摘されているのです。この具申は直ちに承認されて、爾来久しく恒例となったのですが、これがかの有名な「後七日御修法」です。

いかにも唐突のようですが、「コルモス」と略称される会があります。これは「現代に果す宗教の役割の研究会」であり、宗教学者の西谷啓治氏が会長をつとめ、元国際基督教大学学長の中川秀恭氏が副会長をしておられます。毎年一、二回の会合をもち、私も会員となって何度かその会合に出席したことがありますが、当面の問題は、異宗教ではあっても、いかにすれば世界の平和実現に協調できるのかということの探求のようです。このことは、大方の宗教学者あるいは宗教者たちの「宗教観」と関係があるように私には思われます。つまり、彼らによれば、宗教とは個人の魂の救いにかかわるもので、国家ないしは社会とのかかわりなきものなのです。あるいは国家とのかかわりを強調する宗教は次元が低く、極言すれば、それは宗教とすら呼べないものという考えが、大なり小なり、一般には考えられているように思えるのです。だからこそ、改めて宗教が現代社会にはたす役割を考えようというようなことにもなってきたのだと思います。

しかるに、「コルモス」で究明しようとする問題は、弘法大師にあってはつとに解決ずみのことなのです。すでに見たように、大師の宗教は世間すなわち社会とのかかわりを離れてはありえないのです。むしろ社会生活、社会福祉が宗教的領域にまで高揚され純化されているのが真言の教えといえましょう。称名念仏の行ないも、只管打坐の禅行も尊い実践に違いありません。しかし、宗教的実践そのもののなかに世間と出世間との両面からのかかわりをもち、しかもその二面が二面であって二面でない即一のありようを示している真言の実践を、宗教的にみて低次元とか非宗教的なものと見ることはけっして正鵠を射たものでないことは、言うまでもないことです。

弘法大師は中国における師主恵果和尚の教化について、その碑文の中で次のように記しています。

「たとえ財帛を次から次に贈られることがあっても、また田園の施入がたくさんにあったとしても、すべて快よくお受けになったけれども、しかしけっして自分のためにそれらを貯えられるようなことはなかった。和尚は名聞利養のごときはもののかずともせず、無欲恬淡であって、それらの財で、あるいは大曼荼羅を建立し、あるいは僧伽藍処を修造されたのだ」として、続けて「貧を済《すく》うには財を以てし、愚を導くには法を以てす。財を積まざるをもって心とし、法を悋《おし》まざるをもって性とす。かるがゆえに、もしは尊もしは卑、虚《なむ》しく往《ゆい》て実《み》ちて帰れり」と書き残しています。師主恵果の教化が有する二面性、つまり貧困、病気等に苦しむ人びとに対しては財、医薬などによって救済し、心の迷える人びとに対しては、法をもって教導するとする世間的成就と出世間的成仏をもたらす二面性は、真言密教自体の特質としての二面性なのです。ここにこそ、われわれは宗教が社会に対して果す役割を明らかに見てとることができるのであります。

ここで、われわれは恵果和尚がよく貧を救いえたのは、恵果自身に多くの財帛があったからだと考えてはなりません。弘法大師は『理趣経開題』のなかで、生死輪廻の苦しみから超脱し、菩提の妙楽にいたろうと思えば、「人はまず福智の因を積み、しかして後に無上のさとりの境地を感得せよ」といっています。この「福智の因」とは「福徳の因」と「智慧の因」です。その「智慧」の実践とは妙経を書写し、そこに説かれている深い意義を解釈し思考することと言われます。つまり現在さかんに行なわれている写経は、この智慧の実践ということになります。写経の前後に、その経典自体の深義を聴聞し、その深秘なる教えの精髄ともいうべき宝号の念誦をすることもまた、智慧門の妙行といえるでありましょう。しかし、この智慧の因のみでは菩薩の行たりえません。菩薩の行とは、いうまでもなく六波羅蜜の実践をいいます。だからこそ、大師はこの智慧門のほかに福徳門を説き、その福徳の因とは「檀等の諸行」といいます。すなわち六波羅蜜の「般若」すなわち智慧を除いた檀那ないしは禅定の五つを指しています。

ところで、大師は弘仁六年晩春のいわゆる「勧縁疏」や『弁顕密二教論』のなかで、あるいは『十住心論』においても、三大劫の間も六波羅蜜の万行を修して仏果を証すと説くのは顕教の教えであって、密教は本有の三密門を説くものといいます。このような顕教と密教との弁別の主張に対して、さきにも触れた会津の徳一は痛烈な批判を加えたのです。つまり『発菩提心論』あたりでは、真言行人は行願・勝義・三摩地の三行によって即身成仏すると説くけれども、それでは単なる観行にすぎず、いわば六波羅蜜のなかの禅定（静慮）波羅蜜のみしか具足していないことになる。したがって密教には仏教本来の菩薩行がないことになる。菩薩の行がないということは、とりもなおさず利他の慈悲心を欠くということである。慈悲のこころがないということは、そのことだけで、それは仏教とはいえない、というのです。

しかし、この徳一の批判が契機となってのことではないとしても、さきほども述べましたように、帰朝早々からすでに大師は「福智」の両因を説き、「福徳の因」を檀等の五種の波羅蜜とするのですから、般若の智慧波羅蜜とともに、この福智の因というのは菩薩の六度の行ということになるのです。だから、大師もまた、この六波羅蜜の菩薩行は「二種の善因、資糧」とされ、「この二善を修して四恩を抜済し、衆生を利益するとき、則ち自利利他の功徳を具し、速やかに一切智智の大覚を証す。これを菩提といい、これを仏陀と称し、または真実報恩者と名づく」と説いているのです。

『理趣経開題』におけるこの大師の主張と、さきに見た「勧縁疏」や『二教論』などにおける説示とが矛盾していると考えてはなりません。そのことは『大日経開題』において、もしも人あって真言密教の法門に入れば、「則ち三大僧祇、一念の阿字に超え、無量の福智、三密の金剛に具す」云々と説くことによって融会せしめられているのであります。

この六度の第一が檀那波羅蜜多であり、檀那が施与を意味することは言うまでもないことです。しかし、菩薩の行としてのこれは、単なる施しではありません。他の人に与えるものを持たないから施しができないというのは、菩薩の行ではありません。「波羅蜜多」とは「徹底」「究極」「完成」ということで、結局は「なまはんかでない」ということなのです。ですから檀那波羅蜜とは徹底した施し、究極の施与ということで、たとえ他者に与えるべき何物をも有しなくても、あるときは他者のために自らの命すら投げ与えて、しかも悔ゆることなき徹底した施し、いわば完全な自己犠牲、究極の無私の境位、これこそが檀那波羅蜜といえるのです。

社会福祉ということも、このような檀那波羅蜜の立場にたってこそ、はじめて行ないうることになりましょう。このように、菩薩の実践は社会とのかかわりにおいて行なわれるということに、われわれは留意すべきであります。つまり、ここにこそ、仏教という宗教が現代社会に果しうる役割を、われわれは明らかに読みとることができようかと思います。ことばをかえていえば、このような意味での社会性を有しないものは、いかに高尚な教義であっても、それは単なる哲学であり、また評論にすぎず、けっして仏教とは言えないことになりましょう。

異なった道の相互尊重

今一つ、われわれにとって非常に重要なことは、価値観をはじめとして、きわめて多様化の様相を呈している現代社会において、それら価値観やイデオロギーなどの相違対立をいかに超克するかという点でありましょう。わが国と欧米あるいはアジア諸国との間にみられる経済摩擦なども、つまるところは経済や貿易、さては労働などについての考え方の相違に起因することであり、もっと言えばそれぞれの種族なり国家なりの伝統的文化の背景の違いからくる障害といえないこともないでしょう。

たとえば日本では、昔から働くことは美徳とされてきたし、日曜日も祭日も休むことなく働きつづけることは、けっして悪いこととは思われなかったのです。現在の日本の経済的な繁栄は、こうした戦後の日本人のたゆまざる労働のたまものであると、大方の日本人は考えていると思います。しかし、われわれにとって美徳と思われてきた「働きづめ」ということも、地球的な規模でみた場合、それは「働き過ぎ」ということで、けっして褒められることではないと見る人びとの方がむしろ多数を占めるというのです。だから、日本でも官庁や銀行などで週休二日にしたり、民間の企業でも、長期の休暇を与えたりしていますが、その当否は別として、このように労働ということ一つをとってみても、その考え方に大きな違いがあることがわかります。まして、人生観や世界観、あるいはイデオロギーや宗教などになりますと、それぞれについての価値観の相違が、ときには決定的な対立抗争を惹起することにもなりかねません。われわれはややもすれば、自らが信奉しているイデオロギー、自分自身が信仰している宗教こそが唯一正しいものであって、それ以外のものはすべて虚偽であり、異端邪説であると思いがちです。どうしても、われわれは自己に愛着し、自らの信ずる法に執着しがちであります。そのようなエゴイスティックな固執は相互の対立を生じ、その相互の対立はやがて相互の破滅にいたるほかはありません。

たしかに、こうした対立や争いが、つねに必ずしも破滅に通ずるものではなく、ときにはそれによって社会の発展があり、人類の幸福がもたらされると考える人びとがいるのも事実です。かの古代ギリシャの哲人ヘラクレイトスの言った「戦いは万物の父なり」ということが、彼らの考えをもっとも端的に集約するものといえましょう。このような思考はまさしく西洋のそれであり、キリスト教的な世界観とともに科学思想をはぐくんできたのであります。

近代の異常な科学技術の発展は、たしかに人びとの生活を豊かにし便利なものとしてきました。しかし、その豊かさ、あるいは便利さが、そのまま人類の真の幸福につながっていないところに問題があり、そのことを、心ある人びとは自覚しはじめているのです。つまり、あらゆるものを対立的にとらえて、その相剋による社会の発展を期待した人びとは、遂に傲慢にも自然を支配し征服しようとすら考えるにいたったのです。その結果、人間が得たものは自然界からの疎外ということでした。人間が自然から疎外されるということは、人間が真の自己から疎外されるということにほかなりません。つまりは自己喪失という危機的状況におちいらざるをえないのです。それは人類の滅亡を意味し、世界の破滅にほかなりません。

このような世界的危機を免れる唯一の道は、「対立から対話へ」「競争から共存へ」という世界観・人生観の発想の転換以外にありません。そこに東洋の考えかたが心ある人びとの注目を集めるにいたったのです。東洋、なかんずくインドでは、自分と自分以外のものはすべて根底において一体であると考えます。いわゆる「自他不二」の世界観であります。この世界あるいは宇宙のありとあらゆるものは絶対者の顕われであると考えるからです。私自身も絶対者の自己顕現であり、私以外のあらゆるものもまた絶対者の顕われなのです。その絶対者は換言すれば宇宙の存在エネルギーとも、あるいは宇宙の意志ともいえましょうが、密教ではこれを大日如来と象徴することは周知のとおりです。だからこの宇宙のありとあらゆるもの、生きとし生けるものは不二一体であり、絶対に平等なのです。そこには人間を中心に考えるヒューマニズムの傲慢さはかけらも見られません。「衆生」という概念にそのことが端的に表われています。

衆生とは古代インドのことば「サットヴァ」の訳語で、別に「有情」とも訳されますが、しかしその語はけっして「生類」(Living-beings)のみを意味するのではなく、「ありとあらゆるもの、生きとし生けるもの」(Beings)を意味しています。それは単に人間のみならず、動物も草木のような植物も、石や砂などの鉱物も、すべての存在を包括しているのです。いわゆる自然界を意味するといってもよいでしょう。われわれは古くから人間と自然とは一体のものと考えてきました。自然もまた絶対者の自己顕現せるものですから、その自然が発する情報は絶対者の声、すなわち法身大日如来のことばなのです。われわれは久しく自然からの情報を聞くことをやめてきました。否、もはやわれわれ人間は自然界からの声を聞く能力を喪失してしまったかにみえます。かつて恩師中野義照先生は、「僕はこの頃、あの山に聳える松の樹と話をしているよ」と、よく言われていたものです。

大師は四十歳の秋に「中寿感興詩」を作っています。その序に、有名な「禽獣卉木は皆是れ法音なり」という文句がみられます。「法音」とは法身のことばを意味します。自然の発する情報はまさしく法身大日如来の説法そのものなのです。同じようなことは『性霊集』巻一の「遊山慕仙詩」のなかにもみられます。この詩の中ほどに「乾坤は経籍の箱なり、万象一点に含み、六塵縑緗《けんしょう》に閲《す》ぶ」というのがあります。つまり、その意味するところは、「われわれがそこに住んでいると思っているこの世界ないしは宇宙は、文字あるいはことばがぎっしりとつまっている空間である」ということでありましょう。そして驚くべきことに、この大師の自然観と、少なくとも字句の面で、まったく同一のことを主張するのが、現代フランスの哲学者ジャック・デリダであります。デリダについては、慶応義塾大学の名誉教授井筒俊彦氏の『意味の深みへ』（岩波書店）を参照いただくことにして、「万象一点に含む」とは、この世界のあらゆる事物事象は絶対者である法身大日如来の最初のことば「阿字」に起因し、またそこに帰着するということになりましょう。「阿字の子が阿字のふる里立ちいでて、またたち帰る阿字のふる里」という詠歌は、まさしくこの大師の漢詩を和歌にしたものといえましょう。

いま世界は情報化の時代といわれます。その世界をまさしく絶対者の発する情報そのものと見做したのは、真言密教であったのです。その情報を正しく受け取るためには、われわれは意識の根源の領域たる「自心の源底」にいたりつくまで沈潜を深めなければなりません。その方法は瑜伽観法の修法以外にありません。瑜伽観法による主体的神秘体験によって、はじめてわれわれは「法身の説法」をじかに自ら聞くことができるのです。それによって、いわば自然の声を、自然が発する声を、さらには自然が声そのものであるということを、われわれは聞き、そして知ることができるのです。

かくて自然の声を聞きえたとき、われわれは自らの心を如実に知り、自分自身を真に知ることができるのです。自らを真に知りえたとき、われわれははじめて他者を認め、その価値を尊重することができてきます。それは、そのとき、われわれは自己と他人との両者の深層意識に拡がっている共通の「いのち」を相互に汲みとることができるからです。そのとき、意識の表層にあって、文化の異質性を自覚せしめ、対話を困難としている枠組みが取りはずされて、われわれは異なる宗教、異なるイデオロギー、異なる道を真に理解し、相互に尊重し、かつ平和裡に共存協調できるのです。

そのような世界の実相を説いたのがマンダラであります。したがってマンダラの世界とは、けっしてダーウィンのいうような優勝劣敗の競争の世界ではありません。あらゆる事物事象がそれぞれ恵みによって棲み分けながら共存する世界、それこそが世界の実相、すなわちマンダラ世界というべきでありましょう。それは来るべき二十一世紀の世界のありようを暗示していることに、今や世界のあらゆる人びとが気づかねばなりますまい。

あとがき

俗事にかまけて徒然に星霜をおくり、ふと気がついてみれば、忽ちに本卦に還った己れを見出して驚きいるばかりです。まさに風燭すみやかに及んで、鬢の白さにも意のままにならないわが身を、いまさらにひしひしと痛感いたします。

かつて弘法大師空海は自ら不惑の四十の齢を迎えるにあたり、在家のならわしである賀宴にかえて、「方袍の是として目を閉じ、端坐して仏徳を思念するにしかず」と言われました。そして、よもすがら禅定観法して体得された境地を、自ら感興の詩に詠みこまれています。そのとき、大師はまた密教の瞑想法を開示した『方円二図』と『注義』を『文殊讃法身礼』とともに著わされたのです。おそらくこれは、わが国はもとよりのこと、世界でも最初の算賀を記念しての著述ではなかったかと思われます。

わたくしの属する研究室の同僚や教え子たちは、わたくしの還暦にあたって、管見にすら及ばぬ浅見非才ながらも、謬って学長の席を汚しているわたくしを慰労し、かつ公私の道を誤らないよう激励する集いを企画してくれたのですが、しかしその芳情を謝しながらも、祝宴のたぐいはかたく辞退させてもらいました。

そのようなとき、たまたま法藏館社長西村明氏の訪問をうけたのです。わたくしにとって年来の交わりある西村氏は、学的成果の上梓にかかわる談話のついでに、わたくしが従来、諸処の講筵において談説した講録や、かつて諸誌の紙面を濁した随想のたぐいから、弘法大師に関するものを一篇の冊子にまとめるよう強く慫慂されたのです。

もとより、わたくしには世の人びとの共感を十分に得るだけの見識もなく、みんなの納得を十全に得るだけの弁才もありません。ただしかし、弘法大師空海の世界観、自然観、さらにその教育観などには、特定のイデオロギーとか宗教、宗派の枠を超えた普遍的な指針を見出しうるとの確信があり、そのことが旬日を経ずして、篋底の旧稿を法藏館の編集スタッフに委ねることになったのです。

わたくし自身による多少の加筆訂正はおこなわれたものの、拙稿の旧録が面目を一新しえたのは、ひとえに西村明社長の厚き友誼によるもので、衷心より謝意を表したいと思います。それにもかかわらず、雑多な旧稿をあわただしく集成したために、多くの箇所で重複する部分を整理しえなかったのは、ひとえにわたくし自身の責に帰せられるべきものであります。

この拙き稿録が世の人びとの眼を汚すことを懼れながらも、華甲を迎えた日に、なおも九十二歳の高齢をたもって自坊を守ってくれている老母に、まずこの随想集を捧げ、孝養のいたらざる身を恥じつつも、なお一層の長寿を祈りながら、擱筆のことばといたします。

平成二年四月二十八日　高野山の仮寓精舎にて

高木訷元

高木訷元（たかぎ　しんげん）
1930年島根県に生まれる。1956年高野山大学卒業。1958年東北大学大学院修了。インド学，仏教史学専攻。元高野山大学学長。高野山大学名誉教授，文学博士。
著書『弘法大師の書簡』『古典ヨーガ体系の研究』『マータラ評註の原点解明』『初期仏教思想の研究』『空海思想の書誌的研究』『空海と最澄の手紙』（いずれも法藏館），『空海―生涯とその周辺―』（吉川弘文館）など多数。

新装版　空海入門―本源への回帰―
一九九〇年九月二〇日　初　版第一刷発行
二〇一五年八月二〇日　新装版第一刷発行
著　者　高木訷元
発行者　西村明高
発行所　株式会社　法藏館
京都市下京区正面通烏丸東入
電話　〇七五（三四三）〇四五八
装幀者　井上二三夫
印刷・製本　亜細亜印刷株式会社

ISBN978-4-8318-6543-4 C0015

空海と最澄の手紙	高木訷元	三、六〇〇円
空海の行動と思想	静　慈圓	二、八〇〇円
空海曼荼羅	宮坂宥勝	三、一〇六円
弘法大師空海と唐代密教	静　慈圓編	六、五〇〇円
真言宗小事典〈新装版〉	福田亮成編	一、八〇〇円
続　古佛　古密教彫像巡歴	井上　正	九、五〇〇円
仏画　十三仏を描く	真鍋俊照	三、五〇〇円

法藏館　価格税別